VENTANAS DE INFLUENCIA

LA LUCHA POR EL CORAZÓN DEL HOMBRE

Betzy Cordoba

Manos Unidas Foundation
SAN FRANCISCO, CALIFORNIA

Betzy Cordoba
Manos Unidas Foundation
3852 Carter Drive
South San Francisco CA 94080
www.manosunidasfoundation.com

Diseño de libro ©2024.

Información de Pedidos:
Para compras al por mayor, están disponibles descuentos especiales para corporaciones, asociaciones, iglesias y otros grupos. Para más información, comuníquese con el Departamento de Ventas Especiales a la dirección anteriormente indicada.
ISBN: 9798304339551

Ventanas de Influencia: La Lucha por el Corazón del Hombre / Betzy Cordoba. – 1ª ed.

A mi Señor y Salvador, Jesucristo, quien tomó mi corazón quebrantado y lo transformó con su amor y gracia. A Él, quien me rescató de lo pobre, lo vil y lo menospreciado del mundo, y me llevó a la novedad de vida en su verdad. A Él le doy toda honra y gloria por el inmerecido privilegio de poder tomar una pluma y escribir sobre su verdad eterna.

A mi pastor y cobertura, que ha sido padre, maestro y guía durante estos años de formación, modelando con paciencia y sabiduría el carácter de Cristo en mi vida. A mi amado esposo, por su sacrificio, apoyo incondicional y paciencia en esta jornada. A mis hijas y nietos, que en amor continúan ofrendando su tiempo y presencia para que yo pueda cumplir con el llamado que Dios ha puesto en mi vida.

A la iglesia donde fui formada, mi familia en la fe, gracias por ser un lugar de crecimiento, amor y comunión. Cada uno de ustedes ha sido instrumento de Dios para fortalecerme en este camino. Este trabajo es una expresión de gratitud a todos los que han caminado conmigo en esta misión.

A Dios sea toda la gloria.

"Y no os conforméis a este siglo, sino transformaos por medio de la renovación de vuestro entendimiento, para que comprobéis cuál sea la buena voluntad de Dios, agradable y perfecta."

—Romanos 12:2

Contenido

"Porque la palabra de Dios es viva y eficaz, y más cortante que toda espada de dos filos; penetra hasta partir el alma y el espíritu, las coyunturas y los tuétanos, y discierne los pensamientos y las intenciones del corazón."

Hebreos 4:12

<u>INTRODUCCIÓN</u>

El Poder del Cine y la Televisión como Modeladores de Ideología: Una Perspectiva Cristiana

Desde su invención, el cine y la televisión no solo han sido ventanas al mundo, sino también espejos y martillos que moldean las sociedades. En las últimas décadas, estas herramientas han trascendido su propósito inicial de entretenimiento para convertirse en poderosos vehículos de transmisión ideológica. Más allá de informar, los medios visuales configuran lo que las audiencias perciben como aceptable, deseable o incluso inevitable. Este fenómeno, descrito por Noam Chomsky como la "Manufactura del Consentimiento", se complementa con la teoría de la "Ventana de Overton", que explica cómo ideas que alguna vez fueron consideradas impensables se vuelven gradualmente aceptadas y, finalmente, dominantes.

La influencia de estas narrativas visuales no es neutra. El cine y la televisión, a través de historias y personajes cuidadosamente diseñados, han jugado un papel crucial en la redefinición de valores fundamentales como la familia, el género, la moralidad y la fe. Esta transformación cultural no es accidental; responde a un proyecto intencionado que busca desarraigar las verdades eternas y sustituirlas por valores relativos y subjetivos. Es aquí donde radica el poder subversivo de estas herramientas: no solo presentan una narrativa, sino que también moldean la conciencia colectiva, desafiando el diseño de Dios.

Como cristianos, no podemos ignorar esta realidad. Efesios 5:21-25 nos recuerda que la familia, según el diseño de Dios, es un espacio de amor sacrificial y servicio mutuo. Este modelo contrasta radicalmente con las narrativas individualistas y fragmentadoras que predominan en la cultura audiovisual moderna. Este libro tiene como propósito exponer cómo el cine y la televisión han contribuido a la erosión de los valores bíblicos y ofrecer una respuesta basada en la restauración del diseño de Dios.

Un Recorrido Cronológico: Del Desafío a la Restauración

A lo largo de este libro, exploramos cómo el cine y la televisión han influido en la percepción social desde la década de 1950 hasta la actualidad. Analizamos cómo estas herramientas han sido utilizadas para fragmentar la familia, redefinir la masculinidad y la feminidad, y desvirtuar los principios bíblicos de unidad, amor y servicio. Cada capítulo desentraña cómo estas narrativas han sido diseñadas para desplazar a Dios del centro de la sociedad, sustituyéndolo por una moralidad fluida que apela al relativismo cultural.

A la luz de las Escrituras, desafiamos estas narrativas y presentamos una visión esperanzadora: la restauración de la sociedad a través de un regreso a los principios eternos del

Reino de Dios. Proverbios 22:6 nos recuerda la importancia de instruir a las generaciones futuras en el camino correcto, para que incluso en tiempos de confusión no se aparten de él. Este libro es una invitación a los cristianos a no ser espectadores pasivos, sino a asumir un papel activo en la batalla cultural, utilizando las mismas herramientas de comunicación para proclamar la verdad y restaurar los valores de Dios.

El Llamado a la Acción

Este libro no es solo un análisis, sino también un llamado a la acción. Romanos 12:2 nos exhorta: "No os conforméis a este siglo, sino transformaos por medio de la renovación de vuestro entendimiento." Este es el mandamiento que guía cada capítulo: discernir las ideologías que moldean la cultura y responder con creatividad, fidelidad y valentía.

La tarea de restaurar la verdad en un mundo saturado de mentiras no es sencilla, pero es posible. A través de ejemplos prácticos y estrategias inspiradas en principios bíblicos, este libro busca equipar a los creyentes para usar el cine, la televisión y los medios digitales como plataformas para contrarrestar las narrativas destructivas y proclamar el diseño perfecto de Dios para la humanidad.

La Gran Comisión (Mateo 28:19-20) no solo nos llama a hacer discípulos, sino a discipular naciones. Este mandamiento incluye moldear culturas y sistemas para reflejar la justicia, la gracia y la verdad de Dios. Que este libro sea un instrumento para inspirar, desafiar y movilizar a la Iglesia a actuar como un cuerpo vivo y dinámico, comprometido con la restauración del diseño de Dios en todas las esferas de la sociedad.

"Porque somos hechura suya, creados en Cristo Jesús para buenas obras, las cuales Dios preparó de antemano para que anduviésemos en ellas" (Efesios 2:10). Que esta obra inspire a cada lector a levantarse con propósito, a abrazar su papel en esta generación y a proclamar con valentía la verdad eterna de Dios.

Los Primeros Desafíos al Matrimonio y la Familia Tradicional

"Si Jehová no edificare la casa, en vano trabajan los que la edifican."

Salmos 127:1

1950'S

CAPITULO 1

1950s Los Primeros Desafíos al Matrimonio y la Familia Tradicional

El ideal de la familia nuclear y las primeras grietas culturales

Los años 50 representaron un aparente apogeo del modelo de la familia nuclear. Esta estructura, formada por un padre proveedor, una madre dedicada al hogar y los hijos como el centro de la vida familiar, era ampliamente idealizada. Sin embargo, mientras la superficie social mostraba un hogar robusto y ordenado, en el trasfondo comenzaban a gestarse fuerzas culturales que cuestionaban esta concepción.

La Biblia establece en Génesis 2:24: "Por tanto, dejará el hombre a su padre y a su madre, y se unirá a su mujer, y serán una sola carne". Este diseño de Dios enfatiza la unión, el compromiso y la complementariedad como bases esenciales de la familia. Sin embargo, los medios de comunicación masiva, especialmente el cine y la televisión, comenzaron a promover narrativas que, aunque sutiles, desafiaban estos principios.

Este cuestionamiento inicial no fue accidental, sino que formó parte de un cambio cultural orquestado que utilizaría el entretenimiento como una herramienta para desmantelar progresivamente los valores tradicionales.

Romanticismo adolescente y el surgimiento del individualismo

Películas icónicas como Rebel Without a Cause (1955) y A Summer Place (1959) marcaron el inicio de un cambio en las narrativas culturales. Rebel Without a Cause, protagonizada por James Dean, retrataba a un adolescente en conflicto con la autoridad paterna. En lugar de presentar al padre como una figura de sabiduría y liderazgo moral, se le mostraba como distante e ineficaz. Este enfoque simbolizaba una generación que empezaba a rechazar las normas tradicionales y a abrazar un espíritu de autonomía y rebeldía.

Por otro lado, A Summer Place introdujo la sexualidad adolescente como tema central. La película mostraba relaciones prematrimoniales sin condena moral, desacralizando la intimidad y desvinculándola de su contexto matrimonial. Esta narrativa contribuyó a normalizar la idea de que el amor y el deseo sexual podían existir fuera de los límites del matrimonio, rompiendo con la enseñanza bíblica de la santidad de la sexualidad (1 Corintios 6:18-20).

Ambas películas reflejan una estrategia de desconstrucción ideológica, donde el cine servía como un medio para disociar el amor de la responsabilidad, exaltando el individualismo y la búsqueda de la felicidad personal por encima de los compromisos colectivos. Este cambio cultural contrastaba con enseñanzas como Efesios 5:25: "Maridos, amad a vuestras mujeres, así como Cristo amó a la iglesia, y se entregó a sí mismo por ella", que exigen un amor sacrificial y comprometido.

La transformación de los roles familiares: cuestionamiento y tensión

En los años 50, el cine también comenzó a reformular los roles familiares. La mujer, representada tradicionalmente como madre y esposa, fue progresivamente presentada como alguien insatisfecha con su papel doméstico. Aunque estas narrativas eran incipientes, sembraron las semillas para los debates feministas de las décadas siguientes.

Simultáneamente, la figura del padre fue objeto de una revisión crítica. Películas y programas mostraban a hombres que, lejos de ser líderes fuertes y protectores, eran retratados como vulnerables o ineficaces. Este cambio narrativo reflejaba una crisis incipiente de la masculinidad, erosionando el modelo patriarcal del hogar como un espacio de liderazgo y protección. Desde una perspectiva cristiana, esto contradeciría la enseñanza de 1 Corintios 11:3, que establece un orden de Dios para la familia.

El papel de los medios en la manufactura del cambio cultural

El concepto de "Manufactura del Consentimiento", propuesto por Noam Chomsky, es clave para comprender el impacto del cine y la televisión de los años 50. En esta década, los medios no atacaron frontalmente los valores familiares tradicionales, pero sí comenzaron a desplazarlos de manera sutil. Las narrativas priorizaban el deseo personal sobre el compromiso colectivo, promoviendo un cambio cultural que se desplegaría plenamente en las décadas posteriores.

Un ejemplo significativo es el programa I Love Lucy (1951-1957). Aunque en apariencia mostraba una familia tradicional, también introdujo elementos de humor que trivializaban las tensiones matrimoniales. Al hacerlo, normalizaba el cuestionamiento de las dinámicas familiares tradicionales. Este enfoque preparó el terreno para narrativas más disruptivas que desafiarían abiertamente los valores judeocristianos en el futuro.

La narrativa ideológica detrás de las producciones culturales

Desde una perspectiva amplia, las narrativas de los años 50 no surgieron en un vacío. Estaban enraizadas en una agenda ideológica que buscaba transformar la sociedad desde dentro. El feminismo incipiente y las tesis marxistas sobre la deconstrucción de las instituciones tradicionales encontraron en el cine un aliado poderoso. Estos movimientos entendieron que el cambio cultural requería la erosión de la familia, vista como un pilar fundamental del orden social.

Antonio Gramsci uno de los más destacados teóricos del marxismo por sus aportes teóricos en conceptos como hegemonía cultural, bloque hegemónico y posmodernismo en relación con la sociedad de consumo, proponía que, en lugar de imponer el cambio mediante la fuerza, las ideas debían infiltrarse en la conciencia colectiva a través de instituciones clave como el cine y la educación. Los años 50 representaron el comienzo de esta estrategia.

Una visión cristiana frente al cambio cultural

Desde una perspectiva cristiana, el cambio cultural de los años 50 representó un alejamiento del diseño de Dios para la familia. Deuteronomio 6:6-7 llama a los padres a transmitir las verdades de Dios a las generaciones futuras, subrayando el papel de la familia como un medio para preservar los valores espirituales. Sin embargo, las narrativas culturales comenzaron a desviar este enfoque, sugiriendo que cada individuo debía encontrar su propio camino, independientemente de las enseñanzas recibidas en el hogar.

En lugar de reflejar la relación entre Cristo y su iglesia, como se describe en Efesios 5:22-33, las narrativas culturales promovieron una visión de la familia como una estructura flexible y, en algunos casos, prescindible. Esto planteó un desafío directo a la iglesia y a los creyentes, quienes estaban llamados a resistir esta tendencia y a modelar los principios bíblicos en sus propios hogares.

El legado cultural de los años 50 no se limitó a su impacto inmediato, sino que estableció las bases para las transformaciones sociales de las décadas siguientes. Al introducir el cuestionamiento de los roles de género, la exaltación del individualismo y la desacralización de la sexualidad, esta década marcó el inicio de un proceso que redefiniría la percepción de la familia y la moralidad en la cultura occidental.

1960'S

La Segunda Ola del Feminismo y la Revolución Cultural

"No améis al mundo, ni las cosas que están en el mundo. Si alguno ama al mundo, el amor del Padre no está en él."
1 Juan 2:15

<u>CAPITULO 2</u>

1960s - La Segunda Ola del Feminismo y el Inicio de la Revolución Cultural

El desencadenamiento de una revolución cultural

Los años 60 marcaron un cambio radical en las estructuras culturales y sociales que habían definido la sociedad occidental. La Segunda Ola del Feminismo, junto con la contracultura y la revolución sexual, se convirtieron en movimientos clave para la redefinición de los valores de género, familia y sexualidad. En este contexto, el cine y la televisión sirvieron no solo como espejos de esta transformación, sino como catalizadores que promovieron nuevas ideologías y cuestionaron los fundamentos judeocristianos del orden social.

El feminismo emergente no solo buscaba la igualdad, sino que empezó a replantear la naturaleza misma de los roles de género. La frase de Simone de Beauvoir, "No se nace mujer; se llega a serlo," marcó un punto de inflexión, ya que cuestionaba el diseño de Dios del hombre y la mujer como creaciones únicas y complementarias. En contraposición, Génesis 1:27

reafirma: "Y creó Dios al hombre a su imagen, a imagen de Dios lo creó; varón y hembra los creó." Este conflicto entre una cosmovisión bíblica y las ideas humanistas desató una batalla cultural que redefiniría las nociones de familia, sexualidad y género.

El feminismo y la deconstrucción de los roles tradicionales

La Segunda Ola del Feminismo expandió las demandas de sus predecesoras, centrándose en la autonomía personal, el control reproductivo y la igualdad de género en todos los aspectos de la vida. En este escenario, el cine jugó un papel crucial al cuestionar los valores tradicionales y normalizar una visión de la mujer como independiente de los roles familiares.

Películas como Rosemary's Baby (1968) y The Apartment (1960) fueron emblemáticas de este cambio cultural. En Rosemary's Baby, se presenta al matrimonio como una estructura opresiva y llena de secretos, donde la protagonista es manipulada y utilizada sin su consentimiento. La narrativa insinúa que las instituciones tradicionales, como la familia, pueden ser peligrosas y limitantes. En The Apartment, el dilema de la protagonista Shirley MacLaine pone de manifiesto las desigualdades de género en el lugar de trabajo, pero también introduce la idea de que la realización personal de la mujer está más allá del hogar.

Ambas películas comenzaron a fragmentar la percepción de la familia como un espacio seguro y a proponer la idea de que la satisfacción individual debía ser prioritaria. Desde una perspectiva bíblica, este cambio chocaba con principios como los de Efesios 5:22-25, que llama a los esposos a amar sacrificialmente a sus esposas y a las esposas a vivir en una relación de amor y respeto mutuos. Sin embargo, las narrativas culturales de la década promovieron la autonomía por encima de la interdependencia familiar.

El impacto cultural del cine en la moralidad colectiva

El cine de los años 60 abrazó la revolución sexual y utilizó sus narrativas para normalizar la idea de la libertad personal como el bien supremo. En películas como Bonnie and Clyde (1967), se glorificó a los personajes que rechazaban las normas sociales tradicionales, incluyendo las de género. Bonnie, una mujer que vivía al margen de la ley, fue retratada como un ícono de libertad, rompiendo con las expectativas de feminidad tradicional.

Este cambio cultural contrastaba con las enseñanzas bíblicas sobre la sexualidad, como en 1 Corintios 6:18: "Huid de la fornicación. Cualquier otro pecado que el hombre cometa, está fuera del cuerpo; más el que fornica, contra su propio cuerpo peca." Mientras la Biblia afirma la sexualidad como un regalo sagrado dentro del matrimonio, las películas de la década presentaban la intimidad como una experiencia desprovista de compromiso o responsabilidad moral.

La familia bajo ataque: el cine como herramienta de deconstrucción

La representación de la familia en el cine de los años 60 comenzó a desmoronarse. Las películas ya no mostraban la unidad familiar como el núcleo de estabilidad, sino como un obstáculo para la autorrealización. El matrimonio dejó de ser un pacto sagrado para convertirse en una institución negociable y adaptable a las circunstancias individuales.

Películas como Guess Who's Coming to Dinner (1967) abordaron tensiones familiares desde un enfoque generacional y cultural, mientras que otras producciones comenzaron a normalizar el divorcio, las relaciones abiertas y la infidelidad como respuestas aceptables a las crisis personales. Este ataque directo al diseño de Dios del matrimonio contradice pasajes como Mateo 19:6: "Así que no son ya más dos, sino una sola carne; por tanto, lo que Dios juntó, no lo separe el hombre." El cine se convirtió en un vehículo para la normalización de la fragmentación familiar, erosionando su propósito como el lugar de formación espiritual y moral.

Las semillas de la fragmentación moral

La década de los 60 no solo transformó las narrativas culturales, sino que también sembró las semillas de una fragmentación moral más profunda que impactaría las siguientes generaciones. Al exaltar la autonomía personal, el cine y la televisión debilitaron los lazos familiares y promovieron una visión de la vida centrada en el individuo.

Desde una perspectiva cristiana, este periodo destaca la necesidad de reafirmar los principios eternos sobre el diseño de Dios para la familia y la sexualidad. Frente a una cultura que glorifica el hedonismo y la autodefinición, las Escrituras nos llaman a un estándar más alto, como se encuentra en Romanos 12:2: "No os conforméis a este siglo, sino transformaos por medio de la renovación de vuestro entendimiento, para que comprobéis cuál sea la buena voluntad de Dios, agradable y perfecta."

Los años 60 no solo marcaron el inicio de una revolución cultural, sino también de un ataque frontal a los valores cristianos sobre la familia, el matrimonio y la sexualidad. El cine, como herramienta poderosa de influencia, moldeó mentalidades y presentó narrativas que exaltaban la autonomía y el rechazo a la autoridad. Estas ideas, aunque aparentaban ser liberadoras, comenzaron a desdibujar el diseño perfecto de Dios para la sociedad.

Recordemos que el cambio cultural no es neutral; responde a fuerzas ideológicas que buscan desplazar el orden de Dios con construcciones humanas. Sin embargo, como cristianos, estamos llamados a ser sal y luz en medio de una generación que necesita redescubrir la verdad y la belleza del diseño de Dios. Conocer la historia y entender las estrategias culturales nos equipa para responder con discernimiento y para proclamar con valentía que la verdadera libertad se encuentra en Cristo y su verdad eterna.

El Aborto y la Disolución del Compromiso

1970's

"Antes que te formase en el vientre te conocí, y antes que nacieses te santifiqué."
Jeremías 1:5

CAPITULO 3

1970s - El Aborto y la Desintegración del Compromiso Familiar

La consolidación de una revolución cultural: Roe v. Wade y el cine como vehículo ideológico

La década de los 70 marcó un punto de inflexión en la cultura occidental, caracterizada por el auge de movimientos que desafiaron directamente los valores judeocristianos tradicionales. El fallo histórico Roe v. Wade en 1973, que legalizó el aborto en los Estados Unidos, representó un cambio radical en la percepción de la vida y el compromiso familiar. Este evento, lejos de limitarse a lo legal, reconfiguró los cimientos morales de la sociedad, convirtiéndose en un catalizador para una nueva narrativa cultural que exaltaba la autonomía individual sobre la santidad de la vida y los compromisos inquebrantables.

El cine, como medio masivo, desempeñó un papel crucial en este cambio, reflejando y promoviendo las ideologías que respaldaban esta transformación. Películas como The Stepford Wives (1975) y Love with the Proper Stranger (1963) comenzaron a presentar la maternidad, el matrimonio y la vida familiar no como pilares esenciales de la sociedad, sino como elecciones negociables, sujetas a los deseos y circunstancias individuales. En The Stepford Wives, la familia es representada como una institución opresiva, simbolizada en mujeres desprovistas de agencia personal. Este mensaje, aunque disfrazado de crítica social, preparó a las audiencias para aceptar una redefinición de los roles de género y del compromiso matrimonial.

Desde una perspectiva cristiana, este giro cultural se opone frontalmente a la enseñanza bíblica sobre la santidad de la vida y el valor intrínseco de la familia. Salmos 139:13-16 proclama: "Porque tú formaste mis entrañas; tú me hiciste en el vientre de mi madre... Mi embrión, vieron tus ojos." Sin embargo, las narrativas culturales de los años 70 minimizaron la importancia de estas verdades, normalizando una cosmovisión centrada en el individuo y desconectada del diseño de Dios.

El aborto y la redefinición de la maternidad

Roe v. Wade no solo estableció un precedente legal, sino que también alimentó un cambio cultural que redefinió la maternidad. A partir de los años 70, las películas comenzaron a abordar el embarazo como una carga potencial en lugar de un regalo de Dios. Producciones como Love with the Proper Stranger presentaron a mujeres enfrentadas a embarazos no deseados, mostrando la maternidad como una limitación para la realización personal. En lugar de valorar el sacrificio inherente a ser madre, estas narrativas promovieron la idea de que la maternidad debía ser una elección basada exclusivamente en el deseo individual.

Este cambio cultural contrasta con la enseñanza de las Escrituras, que elevan la maternidad a un llamado de Dios lleno de propósito. Salmos 127:3 recuerda: "He aquí, herencia de Jehová son los hijos; cosa de estima el fruto del vientre." No obstante, las narrativas culturales de los 70 comenzaron a socavar este entendimiento, presentando a los hijos como una elección opcional en lugar de una bendición divina.

La crisis del compromiso matrimonial

El cine de los años 70 también reflejó una creciente crisis en la percepción del matrimonio. Películas como Kramer vs. Kramer (1979) retrataron el divorcio como una solución pragmática a las tensiones matrimoniales, normalizando la idea de que los compromisos conyugales podían ser desechados si ya no satisfacían las necesidades individuales. Esta narrativa marcó un alejamiento del concepto bíblico del matrimonio como un pacto sagrado e indisoluble. Mateo 19:6 afirma: "Así que no son ya más dos, sino una sola carne; por tanto, lo que Dios juntó, no lo separe el hombre."

Las producciones cinematográficas de esta década fomentaron una percepción del matrimonio como una institución flexible, en contraste con la enseñanza bíblica que lo presenta como un compromiso permanente basado en el amor sacrificial y la fidelidad. Este enfoque pragmático debilitó el modelo de Dios del matrimonio, priorizando las emociones y los deseos individuales sobre los valores de permanencia y sacrificio.

Relaciones sin compromiso: la exaltación de la autonomía individual

Siguiendo la tendencia iniciada en los años 60, el cine de los 70 continuó exaltando las relaciones sin compromiso como un ideal de libertad personal. Películas como Bob & Carol & Ted & Alice (1969) establecieron un precedente para la representación de relaciones abiertas, promoviendo la idea de que la intimidad podía separarse del compromiso. Este tipo de narrativa desafió directamente la visión bíblica del matrimonio y la sexualidad, presentada en Proverbios 5:18-19: "Sea bendito tu manantial, y alégrate con la mujer de tu juventud. Como cierva amada y graciosa gacela, sus caricias te satisfagan en todo tiempo y en su amor recréate siempre."

Estas representaciones reforzaron la idea de que la satisfacción personal debía prevalecer sobre cualquier forma de responsabilidad o exclusividad, desdibujando los valores fundamentales del amor conyugal y la fidelidad.

La redefinición del rol masculino y la fragmentación de la paternidad

Mientras las mujeres en las películas ganaban autonomía y libertad, los hombres comenzaron a ser retratados como figuras en conflicto, luchando por encontrar su lugar en una estructura familiar en transformación. Películas como An Unmarried Woman (1978) exploraron las dinámicas de mujeres que prosperaban tras el divorcio, relegando a los personajes masculinos a roles secundarios o irrelevantes. Este cambio cultural erosionó la percepción del hombre como líder y protector dentro del núcleo familiar.

Desde la perspectiva bíblica, el liderazgo masculino se fundamenta en el amor sacrificial y el servicio, como se enseña en Efesios 5:25: "Maridos, amad a vuestras mujeres, así como Cristo amó a la iglesia, y se entregó a sí mismo por ella." Sin embargo, el cine de los 70 desafió este modelo, presentando al hombre como una figura en decadencia y al matrimonio como un contrato descartable.

El legado de los años 70 en la cultura familiar

La década de los 70 consolidó muchos de los cambios iniciados en los años 60, promoviendo una narrativa cultural centrada en la autonomía personal y la libertad de elección. A través del cine, se difundieron ideologías que fragmentaron los valores judeocristianos sobre la familia, el matrimonio y la sexualidad, preparando a la sociedad para una desintegración aún mayor en las décadas posteriores.

Mientras que las Escrituras ofrecen una visión de la familia como una institución divina diseñada para reflejar el amor y la fidelidad de Dios, las narrativas culturales de los 70 promovieron una perspectiva en la que la satisfacción personal y la autonomía prevalecían sobre cualquier otro compromiso. Este contraste subraya la necesidad de regresar al diseño de Dios para encontrar una verdadera estabilidad y propósito en medio de una cultura en constante cambio.

Normalización del Aborto y la Sexualidad Adolescente

1980'S

"Huid de la fornicación.
Cualquier otro pecado que el
hombre cometa, está
fuera del cuerpo; pero el que
fornica, contra su propio cuerpo
peca."
Corintios 6:18

<u>CAPITULO 4</u>

1980s – La Normalización del Aborto y el Sexo Adolescente

El Individualismo y la Fragmentación de los Valores Familiares

La década de los años 80 representó una transformación profunda en los valores culturales y familiares, consolidando el individualismo como el principio rector de una sociedad en evolución. El éxito personal y la autosuficiencia comenzaron a eclipsar los valores tradicionales de sacrificio, compromiso y responsabilidad colectiva. Este cambio, impulsado por el auge económico, la globalización y la cultura de consumo, encontró en el cine y la televisión los vehículos ideales para la propagación de estas nuevas narrativas.

Películas como Dirty Dancing (1987), Nine to Five (1980) y Wall Street (1987) no solo capturaron el espíritu de la época, sino que también sirvieron para promover una ideología que exaltaba la realización personal por encima de los valores familiares y espirituales. La disociación entre la sexualidad, la maternidad y su propósito de Dios quedó marcada, y con ello,

una generación fue moldeada hacia la búsqueda de autonomía individual como el objetivo supremo.

El Aborto como Narrativa Aceptable: Dirty Dancing (1987)

Una de las representaciones más controvertidas de la década fue la normalización del aborto dentro de historias románticas. En Dirty Dancing (1987), la subtrama que gira en
torno a Penny, una joven embarazada que recurre a un aborto
clandestino, es tratada con una frialdad narrativa que evita
reflexionar sobre el valor de la vida o las implicaciones morales. El aborto es presentado como una solución práctica a un
"problema", un medio para permitir que la trama principal
siga su curso sin interrupciones.

Esta representación legitima culturalmente el aborto
como una elección necesaria para la libertad personal, despo-
jando al acto de sus implicaciones éticas y espirituales. Isaías
44:24 recuerda: "Así dice Jehová, tu Redentor, que te formó
desde el vientre: Yo soy Jehová, que lo hago todo..." Sin embargo, este mensaje fue desplazado por una narrativa que
priorizaba la autonomía individual sobre la santidad de la vida.

El Sexo Adolescente y la Disociación de la Responsabilidad

El cine de los años 80 marcó un cambio significativo en la representación de la sexualidad, particularmente en los adolescentes. Películas como Fast Times at Ridgemont High (1982) y Dirty Dancing presentaron la sexualidad como un rito de paso inevitable, desconectado del compromiso y de las consecuencias emocionales o espirituales. Estas narrativas exaltaron la libertad sexual como una expresión de identidad y autodescubrimiento, promoviendo una visión en la que la intimidad carecía de contexto moral.

La enseñanza bíblica, en contraste, llama a la pureza y al respeto por el cuerpo como templo del Espíritu Santo. 1 Corintios 6:18 exhorta: "Huid de la fornicación... glorificad a Dios en vuestro cuerpo." Sin embargo, las representaciones culturales de los 80 desestimaron estos principios, sugiriendo que la satisfacción inmediata y la libertad personal eran los valores predominantes.

La Mujer Trabajadora: Nine to Five (1980) y la Redefinición de la Feminidad

El auge del feminismo durante los años 80 encontró una representación emblemática en películas como Nine to Five (1980) y Working Girl (1988). Estas historias narraron la lucha de mujeres por alcanzar el éxito profesional en un entorno dominado por hombres, exaltando la independencia económica y la autonomía como pilares de la feminidad moderna.

Si bien estas películas reflejaron avances significativos en términos de igualdad de oportunidades, también promovieron una visión de la feminidad que relegaba la maternidad y el matrimonio a un segundo plano. En contraste, la enseñanza bíblica valora el equilibrio entre roles familiares y vocacionales. Tito 2:4-5 instruye a las mujeres a "amar a sus maridos y a sus hijos", reconociendo la importancia del hogar como un ámbito de influencia divina. Las narrativas culturales de los 80, sin embargo, comenzaron a redefinir la feminidad de manera que colocaba el éxito individual por encima de las responsabilidades familiares.

La Cultura de Consumo y la Búsqueda del Éxito Personal: Wall Street (1987)

El materialismo y el individualismo encontraron su máxima expresión en películas como Wall Street (1987). El personaje de Gordon Gekko, con su famosa frase "Greed is good" ("La codicia es buena"), se convirtió en el símbolo de una generación obsesionada con el éxito financiero y la acumulación de poder. Esta narrativa promovió la idea de que la autorrealización era alcanzable únicamente a través de la ambición desenfrenada y la autosuficiencia.

Sin embargo, esta búsqueda de éxito material a menudo se hizo a expensas de los valores familiares y comunitarios.

Las Escrituras ofrecen una perspectiva radicalmente opuesta. Filipenses 2:3-4 enseña: "Nada hagáis por egoísmo... estimad a los demás como superiores a vosotros mismos." La narrativa bíblica subraya que el verdadero éxito se encuentra en el servicio, el sacrificio y la construcción de relaciones significativas, en lugar de en la acumulación de riquezas.

La Fragmentación de los Valores Familiares y la Erosión Espiritual

La década de los 80 consolidó un cambio cultural que comenzó a desdibujar las líneas entre lo sagrado y lo secular, entre el compromiso y la conveniencia. La maternidad dejó de ser vista como un don de Dios y fue presentada como una opción negociable. La sexualidad fue despojada de su contexto de responsabilidad, y la familia, como institución, comenzó a perder su posición central en la narrativa cultural.

Desde una perspectiva cristiana, este periodo representa una advertencia sobre los peligros de apartarse del diseño de Dios. La enseñanza bíblica nos llama a valorar la vida, la pureza y el compromiso como virtudes esenciales para una sociedad saludable. Salmos 127:3 declara: "He aquí, herencia de Jehová son los hijos; cosa de estima el fruto del vientre." Sin embargo, las narrativas de los 80 ignoraron esta verdad, promoviendo una visión centrada en la autonomía individual y el relativismo moral.

El Legado de los Años 80 en la Cultura Familiar

El impacto del cine y la televisión de los años 80 no se limitó a su momento histórico, sino que estableció un precedente cultural que continúa resonando en la actualidad. Al normalizar el aborto, exaltar la libertad sexual y redefinir los roles familiares,

esta década preparó el terreno para una sociedad que privilegia la satisfacción inmediata y la independencia individual sobre los valores de comunidad, sacrificio y responsabilidad. Este legado plantea desafíos profundos para quienes buscan vivir conforme al diseño de Dios en un mundo que ha adoptado el relativismo como norma.

La narrativa bíblica ofrece una alternativa radicalmente diferente: una vida centrada en el servicio, la fidelidad y la obediencia a los principios eternos. En un contexto cultural donde el individualismo se ha convertido en el ideal supremo, la iglesia tiene la responsabilidad de ser un faro de verdad y esperanza, recordando que la verdadera libertad y realización se encuentran en el compromiso con los propósitos de Dios.

Como sociedad, los años 80 nos dejaron una lección contundente: la desconstrucción de los valores familiares no solo afecta al hogar, sino que erosiona la base misma de la cultura y la espiritualidad. Para restaurar estos valores, debemos comenzar en el núcleo familiar, cultivando relaciones basadas en amor, respeto y responsabilidad mutua, y rechazando las narrativas culturales que desdibujan el diseño de Dios.

La década de los 80 nos recuerda la importancia de permanecer firmes en la verdad bíblica, incluso en medio de un panorama cultural hostil. La tarea es desafiante, pero como dice 2 Corintios 10:5: "Derribando argumentos y toda altivez que se levanta contra el conocimiento de Dios, y llevando cautivo todo pensamiento a la obediencia a Cristo." Esta exhortación es el llamado para contrarrestar las ideologías que buscan fragmentar los valores eternos y sustituirlos por narrativas de relativismo e individualismo.

1990'S

La Crisis de la Masculinidad y las Relaciones sin Compromiso

"Velad, estad firmes en la fe; portaos varonilmente, y esforzaos."

Corintios 16:13

CAPITULO 5

1990s – Masculinidad en Crisis y Relaciones Sin Compromiso

La Década del Cambio Cultural Profundo

Los años 90 marcaron un cambio radical en las dinámicas culturales, transformado por la globalización, la expansión del entretenimiento, y las innovaciones tecnológicas como internet y los videojuegos. Esta década trajo consigo una crisis identitaria para la figura masculina, un auge del feminismo radical y un cambio profundo en las relaciones humanas. Mientras el cine y la televisión exploraban y legitimaban nuevas narrativas, las estructuras tradicionales, especialmente la familia, sufrían una descomposición silenciosa pero constante.

La Masculinidad en Crisis: Fragmentación y Búsqueda de Propósito

Con la llegada de películas como Fight Club (1999), se expuso una creciente crisis en la percepción de la masculinidad. La figura del hombre previamente vista como líder y proveedor, se convirtió en un símbolo de confusión y alienación.

Tyler Durden, el protagonista de Fight Club, encarna la lucha interna de los hombres atrapados en un mundo que ya no valora su rol en la familia o en la sociedad. Su búsqueda de propósito, aunque distorsionada, refleja el impacto del consumismo y la desconexión con valores trascendentales.

Esta representación de la masculinidad fue un eco cultural de una sociedad que había dejado de ver al hombre como protector y guía. Desde una perspectiva bíblica, Efesios 5:25 resalta el papel sacrificial del esposo como líder en el hogar: "Maridos, amad a vuestras mujeres, así como Cristo amó a la iglesia." Este ideal contrastaba profundamente con los mensajes culturales que describían al hombre como una figura irrelevante o en constante lucha interna.

Feminismo Radical: De la Lucha por Igualdad al Rechazo del Diseño De Dios

Películas como Thelma & Louise (1991) ofrecieron una narrativa poderosa sobre mujeres rompiendo con las restricciones patriarcales. Las protagonistas, víctimas de abuso y opresión, optan por un camino de rebelión y autodescubrimiento. Aunque la película celebraba la libertad femenina, también retrataba al hombre como opresor y a las relaciones familiares como una trampa.

Este feminismo radical rechazó principios bíblicos que presentan a la mujer como una ayuda idónea y complementaria, en lugar de una figura en conflicto con el hombre (Génesis

2:18). Proverbios 31:10-11 describe a la mujer virtuosa como una figura fuerte y sabia, pero el cine de los años 90 ofreció un retrato distorsionado de esta fortaleza, promoviendo la independencia a expensas del compromiso familiar.

Relaciones Sin Compromiso: Una Generación de Individualismo

El cine y la televisión también contribuyeron a la normalización de relaciones sin compromiso. Películas como Clueless (1995) y 10 Things I Hate About You (1999) glorificaron la exploración de identidades adolescentes y relaciones románticas pasajeras. Estas narrativas transformaron el concepto de amor, reemplazando el compromiso sacrificial por la satisfacción inmediata y la conveniencia.

El diseño de Dios del matrimonio, basado en la fidelidad y la unión espiritual, se ve claramente en Mateo 19:6: "Así que no son ya más dos, sino una sola carne; por tanto, lo que Dios juntó, no lo separe el hombre." Sin embargo, estas representaciones culturales promovieron relaciones transaccionales y efímeras, debilitando aún más los valores familiares.

El Entretenimiento como Refugio y Fragmentación Familiar

Los avances tecnológicos y la proliferación de contenido mediático transformaron el entretenimiento en un refugio individualizado. Series como Friends y The Simpsons ofrecieron modelos de comunidad alternativos, sustituyendo las relaciones familiares por dinámicas de amistad o disfunción humorística. Estas representaciones no solo reflejaban, sino que también reforzaban una fragmentación familiar cada vez más pronunciada.

La Biblia presenta a la familia como un diseño de Dios, el núcleo de formación moral y espiritual (Colosenses 3:18-21). Sin embargo, la cultura de los años 90 promovió una narrativa que celebraba la individualidad y reducía el papel de la familia a una opción, en lugar de un fundamento social.

Un Legado de Fragmentación y Autosatisfacción

La década de los 90 consolidó cambios culturales que redefinieron la masculinidad, el feminismo y las relaciones humanas. Mientras el cine y la televisión ofrecían una narrativa de independencia y autosatisfacción, los valores tradicionales de compromiso y comunidad se erosionaron.

El legado de esta década resuena aún hoy, desafiando a quienes buscan vivir conforme al diseño de Dios. Efesios 4:3 exhorta a mantener la unidad del espíritu en el vínculo de la paz, recordándonos que el verdadero propósito y plenitud solo se encuentran en el compromiso con el plan de Dios. La tarea de restaurar estos valores empieza en el hogar, cultivando relaciones basadas en amor, respeto y responsabilidad mutua, y resistiendo las narrativas culturales que promueven la autosatisfacción a expensas del diseño de Dios.

"

Decisiones Reproductivas y Visibilidad LGBTQ+ en la Era Digital

"Y creó Dios al hombre a su imagen, a imagen de Dios lo creó; varón y hembra los creó."
Génesis 1:27

<u>CAPITULO 6</u>

2000s – Decisiones Reproducti-vas y Visibilidad LGBTQ+ en la Era Digital

La era digital y su impacto en la familia

La década de los 2000 marcó un cambio irreversible en las dinámicas familiares y sociales, impulsado por la explosión tecnológica y la globalización cultural. Internet de alta velocidad, dispositivos móviles y redes sociales emergentes como MySpace (2003) y Facebook (2004) redefinieron la forma en que las personas interactuaban, aprendían y compartían valores. Aunque estas tecnologías abrieron nuevas oportunidades para la conexión, también fragmentaron la interacción familiar, desplazando las actividades compartidas por la individualización de experiencias frente a pantallas.

El hogar, que solía ser un lugar de comunión y formación moral, se transformó en un espacio donde cada miembro consumía contenido digital de forma aislada. Este fenómeno contrastó con los principios bíblicos que enfatizan el tiempo compartido en familia como esencial para la transmisión de valores: "Y estas palabras que yo te mando hoy estarán sobre tu corazón; y las repetirás a tus hijos, y hablarás de ellas estando en tu casa, y andando por el camino" (Deuteronomio 6:6-7). Sin embargo, la creciente dependencia de plataformas digitales erosionó este modelo, promoviendo una hiperconexión virtual a expensas de los lazos familiares.

Dos películas emblemáticas de esta década, Juno (2007) y Brokeback Mountain (2005), capturaron las tensiones de esta transformación cultural, explorando temas como el aborto, las relaciones LGBTQ+ y la redefinición del matrimonio. Estas narrativas, amplificadas por las redes sociales, no solo reflejaron un cambio de valores, sino que lo promovieron, normalizando ideologías contrarias al diseño bíblico de la familia.

Juno (2007): La autonomía reproductiva y la redefinición de la maternidad

La película Juno, dirigida por Jason Reitman, aborda el embarazo adolescente desde una perspectiva contemporánea. Juno, la protagonista, decide dar a su hijo en adopción, mostrando una narrativa que aparentemente promueve la vida, pero que también normaliza el aborto como una opción legítima dentro del espectro de decisiones reproductivas. Aunque la película elude una postura abiertamente proaborto, su énfasis en la autonomía individual refuerza la idea de que la vida en el vientre materno está sujeta a las circunstancias y deseos de la madre.

Este enfoque cultural contradice el principio bíblico de que la vida es un don sagrado de Dios, no una decisión humana. "Porque tú formaste mis entrañas; tú me hiciste en el vientre de mi madre" (Salmos 139:13). Sin embargo, Juno refleja una cultura que comienza a ver la maternidad como una carga opcional y la vida como algo negociable, promoviendo un relativismo moral peligroso.

La influencia de la película se amplificó en plataformas digitales como YouTube y blogs, donde debates sobre la autonomía reproductiva consolidaron su impacto cultural. Este entorno mediático ayudó a difundir la idea de que las decisiones sobre la vida y la maternidad debían regirse por el bienestar individual, ignorando la trascendencia moral y espiritual de dar vida.

Brokeback Mountain (2005): La redefinición del matrimonio

Mientras que Juno abordó el tema de las decisiones reproductivas, Brokeback Mountain, dirigida por Ang Lee, desafió directamente las nociones tradicionales del matrimonio. La historia de amor entre dos hombres en un contexto conservador y rural buscó humanizar y normalizar las relaciones LGBTQ+ como una forma legítima de amor, desvinculándolas del diseño de Dios de la familia. La película, emocionalmente impactante, apeló a la empatía del espectador, convirtiéndose en un catalizador cultural para la aceptación global de la diversidad sexual.

El éxito de Brokeback Mountain no solo reflejó, sino que amplificó una narrativa cultural que buscaba redefinir el matrimonio. Desde una perspectiva bíblica, el matrimonio es un pacto entre un hombre y una mujer, diseñado por Dios para reflejar Su relación con Su iglesia: "Por tanto, dejará el hombre a su padre y a su madre, y se unirá a su mujer, y serán una sola carne" (Génesis 2:24). La narrativa de la película contradecía este diseño, promoviendo un modelo de relaciones que priorizaba la autenticidad individual sobre los principios de Dios.

La difusión de la película se intensificó a través de redes sociales emergentes, donde se convirtió en un símbolo de los derechos LGBTQ+. Grupos en Facebook y blogs temáticos utilizaron Brokeback Mountain como una herramienta para promover la normalización de relaciones no tradicionales, influyendo en debates legislativos y sociales que eventualmente llevaron a cambios en la definición legal del matrimonio en varias naciones.

El cine, las redes sociales y la desconstrucción de valores

El impacto de Juno y Brokeback Mountain no se limitó a las salas de cine. Las plataformas digitales de los 2000 jugaron un papel crucial en transformar estas películas en fenómenos culturales globales. A través de MySpace, Facebook y YouTube, se difundieron debates, reseñas y conversaciones que llevaron las narrativas cinematográficas más allá del entretenimiento, convirtiéndolas en herramientas ideológicas. Estas plataformas no solo promovieron la desconstrucción de valores tradicionales, sino que también fomentaron un individualismo exacerbado que fragmentó aún más el núcleo familiar.

Desde una perspectiva bíblica, esta hiperconexión digital representa un desafío directo al modelo de Dios de la familia como un espacio de comunión y enseñanza moral. "Si Jehová no edificare la casa, en vano trabajan los que la edifican" (Salmos 127:1). Sin embargo, las redes sociales, al priorizar la satisfacción individual y la validación virtual, promovieron una visión de la vida y las relaciones desconectada de los principios eternos de Dios.

El legado cultural de los años 2000

La década de los 2000 marcó una transformación profunda en la percepción de la familia, la vida y el matrimonio. Películas como Juno y Brokeback Mountain, junto con la expansión de las redes sociales, consolidaron narrativas que desafiaron el diseño de Dios de la vida y las relaciones humanas. Este cambio cultural, aunque presentado como progreso, promovió una visión relativista de la moralidad que fragmentó aún más el núcleo familiar.

Para contrarrestar estas influencias, es imperativo que las familias cristianas recuperen el valor de la enseñanza intergeneracional y refuercen la verdad bíblica en sus hogares. "Y estas palabras que yo te mando hoy estarán sobre tu corazón; y las repetirás a tus hijos" (Deuteronomio 6:6-7). Solo al afirmar la santidad de la vida, la importancia del matrimonio y el papel central de la familia en la sociedad, podemos resistir las fuerzas culturales que buscan desdibujar los valores eternos de Dios.

La familia sigue siendo el baluarte más poderoso contra la fragmentación moral. En un mundo hiperconectado, pero emocionalmente desconectado, la enseñanza bíblica ofrece una visión clara y esperanzadora: "Conoceréis la verdad, y la verdad os hará libres" (Juan 8:32).

El Feminismo Interseccional y el Desafío al Orden Natural

"¡Ay de los que a lo malo dicen bueno, y a lo bueno malo; ¡que hacen de la
luz tinieblas, y de las tinieblas luz!"
Isaías 5:20

CAPITULO 7

2010s - El Surgimiento del Feminismo Interseccional y el Desafío al Orden Natural

Introducción al feminismo interseccional y la cultura de la inmediatez

La década de los 2010 fue testigo de la consolidación del feminismo interseccional como un movimiento cultural influyente que transformó la forma en que la sociedad aborda temas de género, raza, opresión y justicia social. Este enfoque, que buscaba integrar múltiples perspectivas de desigualdad, desafió las estructuras tradicionales y propuso una nueva narrativa sobre la identidad y el poder. Al mismo tiempo, el avance de las redes sociales, como Instagram y Twitter, promovió una cultura de inmediatez y validación externa que amplificó estas ideas, fomentando debates globales y moldeando las percepciones culturales.

Sin embargo, este cambio también trajo consigo desafíos significativos para los valores tradicionales de familia y moralidad. Las redes sociales no solo impulsaron la diseminación de ideologías emergentes, sino que también fragmentaron el tiempo y las relaciones familiares, reemplazando la conexión personal por interacciones virtuales. Este entorno contrastó con el diseño bíblico de la familia como un espacio de comunión y transmisión de valores, tal como lo establece Salmos 78:5-6 "Él estableció testimonio en Jacob, y puso ley en Israel, la cual mandó a nuestros padres que la notificasen a sus hijos; para que lo sepa la generación venidera, y los hijos que nacerán; y los que se levantarán lo cuenten a sus hijos."

En este marco, obras culturales como The Handmaid's Tale (2017) y Moonlight (2016) se convirtieron en símbolos de la era, reflejando y promoviendo narrativas que desafiaban el diseño de Dios del orden natural y la familia.

The Handmaid's Tale (2017): Distopía y narrativa de opresión

Basada en la novela de Margaret Atwood, The Handmaid's Tale se convirtió en un fenómeno cultural y un punto de referencia para el feminismo interseccional. Ambientada en una distopía teocrática, la serie muestra a las mujeres sometidas a un régimen opresivo que las reduce a su función reproductiva. Esta narrativa resonó profundamente en el contexto de los movimientos feministas de la década, como #MeToo, y fue utilizada como un símbolo contra el patriarcado y la opresión sistémica.

Sin embargo, la interpretación cultural de The Handmaid's Tale tergiversó los principios bíblicos sobre el matrimonio y la familia. Mientras que la serie retrata estas ideas como herramientas de opresión, la perspectiva bíblica presenta el hogar y el matrimonio como espacios de amor, unidad y complementación. Efesios 5:22-23 lo explica claramente: "Las casadas estén sujetas a sus propios maridos, como al Señor. Porque el marido es cabeza de la mujer, así como Cristo es cabeza de la iglesia." Este pasaje no aboga por la subyugación, sino por un liderazgo sacrificial y un amor mutuo que reflejan la relación entre Cristo y su iglesia.

A través de las redes sociales, The Handmaid's Tale amplificó su influencia al promover una narrativa que desafiaba el diseño de Dios, pero también evidenciaba una búsqueda constante de significado y justicia en una sociedad que rechazaba los valores eternos.

Moonlight (2016): Identidad, raza y familia

En contraste, Moonlight, dirigida por Barry Jenkins, exploró la intersección entre raza, pobreza y orientación sexual, narrando la historia de un joven afroamericano en busca de su identidad en un entorno hostil. La película, aclamada por su sensibilidad, cuestionó las estructuras tradicionales al presentar una narrativa donde las relaciones familiares y los valores tradicionales eran secundarios frente a la búsqueda personal de significado.

Aunque poderosa en su mensaje, Moonlight refleja una desconexión con el principio bíblico de que la familia es el primer espacio de formación y apoyo. Proverbios 22:6 enseña: "Instruye al niño en su camino, y aun cuando fuere viejo no se apartará de él." Sin embargo, la película muestra a los personajes buscando pertenencia y propósito fuera del hogar, en un entorno donde las normas morales y culturales son fluidas.

La narrativa de Moonlight también se amplificó a través de plataformas digitales, convirtiéndose en un símbolo de resistencia frente a las estructuras tradicionales y promoviendo nuevas formas de identidad que desafiaban el diseño de Dios.

El impacto del feminismo interseccional en la familia

El feminismo interseccional, junto con las narrativas culturales de The Handmaid's Tale y Moonlight, transformó la percepción de la familia y los roles de género durante los años 2010. Estas narrativas retrataron la familia nuclear como una institución opresiva y cuestionaron los valores tradicionales, promoviendo una visión donde la identidad y la justicia se encontraban fuera del diseño de Dios.

Sin embargo, la Biblia presenta la familia como un diseño de Dios destinado a reflejar el amor y el propósito de Dios. Salmos 128:3-4 describe: "Tu mujer será como vid que lleva fruto a los lados de tu casa; tus hijos como plantas de olivo alrededor de tu mesa." Este modelo no solo garantiza estabilidad, sino también un legado moral y espiritual que trasciende generaciones.

Las plataformas sociales desempeñaron un papel crucial en este cambio cultural, promoviendo el individualismo y las narrativas interseccionales a expensas de los valores familiares. Aunque estas herramientas digitales facilitaron la comunicación global, también fragmentaron las relaciones familiares y priorizaron la validación externa sobre las conexiones profundas.

Restaurar la familia en medio de la fragmentación

La década de los 2010 marcó un cambio profundo en la percepción de la familia, el género y la identidad. Narrativas como las de The Handmaid's Tale y Moonlight, junto con el auge del feminismo interseccional, desafiaron los valores tradicionales y promovieron ideologías que fragmentaron aún más el núcleo familiar.

Sin embargo, la verdad de Dios permanece inmutable frente a estos desafíos culturales. La familia, tal como Dios la diseñó, no es una construcción opresiva, sino un reflejo de Su amor y propósito eterno. Restaurar este diseño requiere un compromiso renovado con los principios bíblicos y una enseñanza clara que afirme la verdad.

2 Corintios 13:8 nos dice "Porque nada podemos contra la verdad, sino por la verdad." Esta verdad debe ser el ancla para

aquellos que buscan resistir las corrientes culturales que des-dibujan los valores eternos y fragmentan el hogar.

El llamado a la acción es claro: reafirmar el diseño original de la familia como un espacio de amor, sacrificio y transmisión de valores, y utilizar las plataformas digitales como herra-mientas para promover la verdad y la restauración. Frente a una cultura que busca redefinir el orden natural, la familia si-gue siendo el baluarte más fuerte contra la fragmentación moral y espiritual.

La Verdad Desafiante: Restaurando la Familia en un Mundo Fragmentado

"Y sabemos que a los que aman a Dios, todas las cosas les ayudan a bien."
Romanos 8:28

CAPITULO 8

2020s - La Verdad Desafiante: La Restauración de la Familia en un Mundo Fragmentado

La radicalización de las ideologías y el impacto cultural en la familia

Los años 2020 han intensificado la desconstrucción de las verdades fundamentales sobre el género y la familia, llevándonos a una era de redefinición donde las estructuras tradicionales son percibidas como obsoletas y restrictivas. El cine, las plataformas digitales y las redes sociales se han convertido en armas culturales que promueven la fluidez de género, la redefinición de las relaciones y el individualismo extremo, todo en nombre del progreso y la inclusión. Sin embargo, desde una perspectiva cristiana, estos cambios no representan progreso, sino una ruptura con el diseño perfecto de Dios para la humanidad.

La fluidez de género como narrativa central

Películas como Barbie (2023) y Everything Everywhere All at Once (2022) son ejemplos emblemáticos de cómo la industria cultural ha adoptado y promovido la fluidez de género como un principio fundamental. En Barbie, la narrativa se centra en la búsqueda de la identidad individual fuera de las estructuras tradicionales, presentando una crítica al patriarcado que, si bien aborda problemáticas reales, también promueve una visión de la feminidad y la masculinidad desligada del propósito de Dios.

En contraste, Everything Everywhere All at Once ofrece una narrativa caótica y multidimensional que simboliza la fragmentación de la identidad y las relaciones humanas. A través de su protagonista, la película sugiere que el significado y la pertenencia deben buscarse fuera de las estructuras familiares, adaptándose a las circunstancias y deseos personales. Este enfoque es contrario al diseño de Dios, que presenta a la familia como un núcleo de estabilidad, amor y propósito eterno (Efesios 5:23-25).

El cine como herramienta de desconstrucción

El impacto de estas producciones no se limita a las salas de cine. Las redes sociales, como TikTok, Instagram y Twitter, han amplificado estas narrativas, convirtiendo a las películas en símbolos culturales de resistencia y redefinición. Sin embargo, esta narrativa fluida y relativista contrasta con las enseñanzas bíblicas que proclaman que la verdad es absoluta e inmutable, como se establece en Salmos 119:160: "La suma de tu palabra es verdad, y eterno es todo juicio de tu justicia."

La desconstrucción promovida por estas narrativas no es un fenómeno aislado, sino parte de un proceso más amplio diseñado para desmantelar los principios fundamentales de la familia y la moralidad. Esto se ve reflejado en la creciente aceptación de conceptos como el "amor libre," la redefinición de la maternidad y paternidad, y la normalización de identidades fluidas que rechazan el diseño de Dios.

El impacto en las generaciones emergentes

Los jóvenes de esta generación han sido especialmente influenciados por estas narrativas, adoptando como normales ideas que años atrás habrían sido impensables. Las plataformas digitales no solo actúan como medios de entretenimiento, sino también como fuentes principales de educación ideológica, donde los valores bíblicos son cada vez más desplazados por perspectivas relativistas.

Sin embargo, la Biblia establece que la familia es el espacio primordial para la transmisión de valores y la formación espiritual, como se menciona en Deuteronomio 4:9 "Por tanto, guárdate, y guarda tu alma con diligencia, para que no te olvides de las cosas que tus ojos han visto, ni se aparten de tu corazón todos los días de tu vida; antes bien, las enseñarás a tus hijos y a los hijos de tus hijos." Este contraste entre los valores eternos y las narrativas culturales refleja la urgencia de reafirmar el diseño de Dios en un mundo que lucha por encontrar significado fuera de su verdad.

La respuesta bíblica: Restauración y verdad

Frente a este panorama, es esencial que los creyentes no solo reconozcan la amenaza cultural, sino que también respondan con claridad y convicción. La familia, como el diseño de Dios, no es una construcción arbitraria, sino un reflejo del amor y la unidad que Dios desea para su creación. Colosenses 3:14-15 nos recuerda que el amor y la paz de Cristo deben gobernar nuestras relaciones: "Y sobre todas estas cosas vestíos de amor, que es el vínculo perfecto. Y la paz de Dios gobierne en vuestros corazones."

La restauración de la familia como núcleo de la sociedad comienza con un compromiso renovado con los principios bíblicos. Esto implica no solo enseñar la verdad, sino también vivirla de manera que las generaciones futuras puedan ver su relevancia y poder transformador. La enseñanza clara de Deuteronomio 6:6-7 subraya la importancia de transmitir los mandamientos de Dios a los hijos, asegurando que su verdad permanezca en el centro de nuestras vidas y relaciones.

La familia como baluarte de la verdad

Los desafíos culturales de la década de los 2020 son inmensos, pero no insuperables. En un mundo que glorifica la fluidez y el relativismo, la verdad de Dios permanece como un ancla inquebrantable para quienes confían en su diseño. Como lo afirma Hebreos 13:8: "Jesucristo es el mismo ayer, y hoy, y por los siglos." Este fundamento inmutable es el que da esperanza a las familias que buscan permanecer fieles en medio de un entorno hostil.

La restauración de la familia requiere una acción intencional y un compromiso con la verdad bíblica. Al proclamar y vivir esta verdad, los creyentes pueden ser luz en un mundo lleno de confusión, recordando que la familia, tal como Dios la diseñó, sigue siendo el refugio más fuerte contra las ideologías que buscan fragmentarla.

El Rol del Hombre y la Mujer en el Diseño de Dios

*"Maridos, amad a vuestras
mujeres, así como Cristo amó
a la iglesia, y se
entregó a sí mismo por ella."*
Efesios 5:25

CAPÍTULO 9

El Rol del Hombre y la Mujer en el Diseño De Dios

La familia como diseño de Dios

La familia, desde su concepción en el Edén, es la institución fundamental creada por Dios para reflejar su amor, su carácter y su propósito para la humanidad. En una cultura que cada vez más desdibuja los roles y responsabilidades de los géneros, la restauración del diseño de Dios no solo es urgente, sino vital. La confusión contemporánea sobre el papel del hombre y la mujer en la familia es el resultado de una desconexión profunda con la verdad de las Escrituras y el plan perfecto de Dios.

El diseño original: igualdad en valor, diferencia en propósito

La creación del hombre y la mujer descrita en Génesis 1:27-28 muestra su complementariedad: "Y creó Dios al hombre a su imagen, a imagen de Dios lo creó; varón y hembra los creó. Y los bendijo Dios, y les dijo: Fructificad y multiplicaos;

llenad la tierra y sojuzgadla." Esta declaración subraya que ambos fueron creados con igualdad en dignidad y valor, pero con roles diseñados para complementarse en unidad.

La palabra hebrea "ezer" utilizada en Génesis 2:18 para describir a la mujer como "ayuda idónea" no denota inferioridad. Por el contrario, el término aparece en la Biblia en referencia directa a Dios mismo, como en Salmos 33:20: "Nuestra alma espera en Jehová; él es nuestra ayuda y nuestro escudo." Esto implica que el rol de la mujer es esencial, significativo y vital en la misión conjunta de co-gobernar la creación y establecer el orden de Dios en la tierra.

Sin embargo, la narrativa cultural moderna ha reemplazado esta visión con ideologías que promueven la competencia en lugar de la colaboración. Influencias como la ideología de género y los movimientos feministas radicales han intentado redefinir los roles de género como estructuras opresivas, ignorando el diseño original de Dios.

El hombre: liderazgo en servicio y sacrificio

En Efesios 5:25, Pablo describe el estándar de Dios para los esposos: "Maridos, amad a vuestras mujeres, así como Cristo amó a la iglesia, y se entregó a sí mismo por ella." Este modelo de liderazgo no está basado en dominación, sino en sacrificio y servicio. El esposo es llamado a liderar su hogar con amor, siguiendo el ejemplo de Cristo.

En contraste, la cultura contemporánea ha promovido una imagen distorsionada del hombre, oscilando entre la "masculinidad tóxica" y la pérdida de identidad. Películas como *Fight Club* (1999) reflejan esta crisis al presentar al hombre como atrapado entre la presión social y la desconexión emocional. Sin embargo, el verdadero liderazgo masculino no está en la fuerza bruta o en la autosuficiencia, sino en el sacrificio amoroso que construye y protege la familia.

La mujer: pilar de fortaleza y edificación

El modelo bíblico de la mujer, descrito en Proverbios 31, resalta su rol como un pilar de fortaleza, sabiduría y edificación en el hogar y la sociedad: "Ella considera la heredad, y la compra, y planta viña del fruto de sus manos." Este pasaje contrasta con las narrativas modernas que presentan la maternidad y el matrimonio como limitaciones a la realización personal. Películas como *Thelma & Louise* (1991) y *Nine to Five* (1980) han promovido la idea de que la independencia absoluta es la meta suprema, desconectándola de su propósito de Dios.

El diseño bíblico, sin embargo, muestra a la mujer como un socio igual en valor y fundamental para la misión familiar. Este equilibrio desafía tanto la dependencia pasiva como la autonomía radical, ofreciendo un modelo que celebra la fortaleza femenina en unidad con el hombre.

La complementariedad: un diseño perfecto

El diseño de Dios no fomenta la competencia entre géneros, sino la colaboración. Cuando hombre y mujer cumplen sus roles bíblicos, reflejan la armonía y unidad que fortalecen a la familia y la comunidad. Sin embargo, la narrativa marxista, como la de Antonio Gramsci, ha buscado redefinir estas relaciones, promoviendo la idea de que la familia es una construcción social destinada a perpetuar opresión.

La Biblia ofrece una perspectiva radicalmente diferente. En Colosenses 3:18-21, Pablo describe el modelo de Dios para las relaciones familiares, subrayando la importancia de la autoridad y el amor mutuo: "Hijos, obedeced a vuestros padres en todo, porque esto agrada al Señor. Padres, no exasperéis a vuestros hijos, para que no se desalienten."

Estrategias para restaurar el diseño de Dios

1. **Educación bíblica:** La enseñanza de los roles y responsabilidades desde una perspectiva bíblica debe ser una prioridad en las iglesias y comunidades cristianas.
2. **Discipulado familiar:** Las parejas deben ser discipuladas para vivir conforme al modelo bíblico de amor y colaboración, fortaleciendo sus matrimonios.
3. **Comunicación abierta:** Esposos y esposas deben trabajar juntos para abordar los desafíos modernos y construir hogares que reflejen la verdad de Dios.

4. **Modelos visibles:** Los líderes espirituales deben ser ejemplos de cómo vivir el diseño de Dios en la familia, inspirando a otros a seguir su ejemplo.
5. **Formación de la próxima generación:** Enseñar a los jóvenes a valorar y prepararse para sus futuros roles en la familia desde una perspectiva bíblica.

La restauración del orden de Dios

La familia es el núcleo donde se forma el carácter, se cultivan los valores y se experimenta el amor incondicional. En un mundo cada vez más fragmentado, los cristianos están llamados a ser agentes de restauración. El profeta Malaquías predijo esta misión en Malaquías 4:5-6: "Él hará volver el corazón de los padres hacia los hijos, y el corazón de los hijos hacia los padres."

Este movimiento de reconciliación, simbolizado por el "Espíritu de Elías", es fundamental en los últimos tiempos. A medida que las familias se alineen con el diseño de Dios, reflejarán la gloria de Dios y restaurarán el propósito original de la humanidad. La restauración espiritual y moral de la familia no es solo una respuesta a los desafíos actuales, sino una preparación para el regreso del Señor y el establecimiento de su reino eterno.

Recuperando
el Valor de la Familia

*"Instruye al niño en su camino,
y aun cuando fuere viejo no se
apartará de él."*
Proverbios 22:6

CAPÍTULO 10

Recuperando el Valor de la Familia

El diseño de Dios frente a la crisis contemporánea

La familia, instituida por Dios como el núcleo esencial de la sociedad, ha sido objeto de ataques culturales y espirituales desde el inicio de la humanidad. A lo largo de las décadas, los roles, valores y propósitos de Dios del hogar han sido distorsionados, erosionando las bases que sostienen tanto a las personas como a las comunidades. Sin embargo, el diseño de Dios para la familia es perfecto e inmutable, un modelo que, cuando se sigue, trae plenitud, orden y bendición.

La restauración de la familia no solo es posible, sino imprescindible. Este capítulo ofrece un análisis profundo sobre cómo redescubrir el propósito eterno de la familia, confrontar los desafíos culturales y fomentar hogares que reflejen el carácter de Cristo.

La familia como diseño de Dios: Un fundamento eterno

Desde el principio, Dios estableció la familia como un reflejo de su carácter y su propósito para la humanidad. Génesis 1:27-28 señala: "Y creó Dios al hombre a su imagen… varón y hembra los creó. Y los bendijo Dios, y les dijo: Fructificad y multiplicaos; llenad la tierra y sojuzgadla." Este mandamiento revelo el propósito de la familia como un espacio de crecimiento, reproducción y gobierno en la tierra bajo la dirección de Dios, en el orden de Dios.

El matrimonio, como base de la familia, no es una construcción social, sino una institución sagrada diseñada para reflejar la unión entre Cristo y su iglesia (Efesios 5:31-32). Este modelo establece que el hombre y la mujer tienen roles complementarios, llamados a trabajar juntos para cumplir la misión de Dios en la tierra.

En un mundo que celebra la autonomía individual y el relativismo moral, la familia ha sido degradada a una construcción opcional, desvinculada de su propósito eterno. Pero las Escrituras nos recuerdan en Salmos 127:1: "Si Jehová no edificare la casa, en vano trabajan los que la edifican." La familia, lejos de ser un concepto transitorio, es un pilar del reino de Dios.

Desafíos contemporáneos: Fragmentación y desarraigo

La cultura moderna ha introducido ideologías y narrativas que atacan el diseño origina de la familia. Entre estos desafíos destacan:

1. **La exaltación del individualismo:** Películas y series de televisión han promovido la realización personal como incompatible con el sacrificio y el compromiso familiar. Obras como *Marriage Story* (2019) muestran la tensión entre los sueños individuales y la unión conyugal, perpetuando la idea de que el matrimonio puede ser descartado si obstaculiza la "felicidad personal."

2. **El impacto de la tecnología y el entretenimiento:** La hiperconectividad digital ha reemplazado las interacciones familiares profundas con contenido superficial y consumismo. Redes sociales como Instagram y TikTok fomentan un sentido de validación externa, alejando a los jóvenes de los valores familiares y espirituales.

3. **La desconstrucción de roles de género:** Influenciadas por ideologías posmodernas, las narrativas culturales han eliminado las distinciones entre el rol masculino y femenino, lo que ha llevado a una crisis de identidad tanto para hombres como para mujeres. Sin embargo, la Biblia afirma en **1 Corintios 11:3**: "Pero quiero que sepáis que Cristo es la cabeza de todo varón, y el varón es la cabeza de la mujer, y Dios la cabeza de Cristo."

Estos desafíos no son accidentes culturales; son herramientas deliberadas que buscan desarraigar a las familias de su propósito de Dios, sumiendo a la sociedad en confusión y fragmentación.

Estrategias para la restauración de la familia

La iglesia está llamada a ser un agente de transformación en la restauración del modelo bíblico de la familia. Este proceso comienza con la enseñanza y la práctica de principios bíblicos, abordando los desafíos contemporáneos con intencionalidad y verdad.

1. **Reconciliación generacional:** La restauración de las relaciones entre padres e hijos es esencial para la unidad familiar. **Malaquías 4:6** promete: "Él hará volver el corazón de los padres hacia los hijos, y el corazón de los hijos hacia los padres." Esto implica dedicar tiempo a fortalecer los lazos familiares mediante la comunicación abierta, el tiempo compartido y la oración en conjunto.

2. **Fortalecimiento del discipulado familiar:** Los padres son los principales discipuladores de sus hijos. **Deuteronomio 6:6-7** instruye: "Y estas palabras que yo te mando hoy estarán sobre tu corazón; y las repetirás a tus hijos." Este modelo de enseñanza intencional no solo fortalece la fe individual, sino que también prepara a las generaciones futuras para ser luz en un mundo lleno de tinieblas.

3. **Defensa del modelo bíblico:** Los creyentes deben estar equipados para confrontar las narrativas culturales que trivializan la familia y los valores cristianos. Esto incluye defender la verdad bíblica con amor y gracia, proclamando que la familia es un diseño de Dios que no puede ser sustituido.

4. **Ejemplo vivo en los hogares cristianos:** Los hogares cristianos deben ser un testimonio del evangelio. **Mateo 5:16** exhorta: "Así alumbre vuestra luz delante de los hombres, para que vean vuestras buenas obras, y glorifiquen a vuestro Padre que está en los cielos." Esto significa modelar amor, respeto y perdón dentro de la familia, mostrando al mundo el poder transformador de Cristo.

Estrategias prácticas para el fortalecimiento familiar

- **Establecer prioridades espirituales:** Reservar tiempo diario para la oración y la lectura bíblica como familia.
- **Desconectarse de la tecnología:** Dedicar momentos libres de dispositivos para fomentar la comunicación y las actividades compartidas.
- **Participar en el servicio comunitario:** Enfocar la familia en el servicio hacia otros como una expresión práctica del amor de Cristo.
- **Celebrar la unidad familiar:** Establecer tradiciones y momentos especiales que refuercen los lazos familiares.

La iglesia como agente de restauración

La iglesia debe ser un refugio y un centro de equipamiento para las familias. Hebreos 10:24-25 lee asi, "Y considerémonos unos a otros para estimularnos al amor y a las buenas obras; no dejando de congregarnos." En este contexto, las iglesias pueden implementar:

- **Ministerios de apoyo a las familias:** Grupos de discipulado matrimonial, clases para padres y programas de mentoría intergeneracional.
- **Predicación y enseñanza centrada en la familia:** Equipar a los creyentes con herramientas bíblicas para enfrentar los desafíos modernos.
- **Creación de comunidades de apoyo:** Espacios donde las familias puedan compartir, aprender y edificarse mutuamente.

La familia como testimonio del Reino de Dios

Una familia que vive según el diseño de Dios es un testimonio poderoso en un mundo quebrantado. Estas familias no solo reflejan el carácter de Cristo, sino que también sirven como faros de esperanza y reconciliación. Romanos 12:2 nos recuerda: "No os conforméis a este siglo, sino transformaos por medio de la renovación de vuestro entendimiento."

La restauración de la familia es un llamado profético para preparar el camino del Señor. En un mundo que lucha por encontrar significado, la familia sigue siendo un recordatorio tangible de que el propósito, la verdad y el amor incondicional se encuentran en el diseño eterno de Dios. Al abrazar este modelo, las familias cristianas no solo vivirán en plenitud, sino que también guiarán a otros hacia la esperanza que solo se encuentra en Cristo.

Un Camino hacia la Restauración Espiritual y Moral

"Si se humillare mi pueblo, sobre el cual mi nombre es invocado, y oraren, y
buscaren mi rostro, y se convirtieren de sus malos caminos; entonces yo oiré
desde los cielos, y perdonaré sus pecados, y sanaré su tierra."
2 Crónicas 7:14

<u>CAPÍTULO 11</u>

Un Camino de Restauración Espiritual y Moral

Un Llamado a Enfrentar la Crisis Cultural

La familia, como institución diseñada por Dios, ha sido objeto de ataques constantes a lo largo de las décadas. Desde la exaltación del individualismo hasta la deconstrucción de los roles de género, el cine, la televisión y las plataformas digitales han jugado un papel clave en moldear percepciones que erosionan los valores bíblicos. A pesar de ello, la batalla no está perdida. La restauración espiritual y moral ofrece una oportunidad para que los creyentes vivan contraculturalmente y reflejen el diseño de Dios en un mundo quebrantado.

El apóstol Pablo recuerda la naturaleza espiritual de esta lucha en Efesios 6:12: "Porque no tenemos lucha contra sangre y carne, sino contra principados, contra potestades, contra los gobernadores de las tinieblas de este siglo." Esto significa que la restauración de los valores familiares no puede lograrse únicamente a través de argumentos sociales o resistencia cultural, sino con armas espirituales fundamentadas en la Palabra de Dios.

Reflexión sobre la Influencia Cultural

El poder del cine y la televisión para moldear mentalidades no puede subestimarse. A través de décadas de influencia, estas herramientas han promovido valores que redefinen conceptos clave como la familia, el amor y el propósito. Sin embargo, la Palabra de Dios advierte contra la adopción acrítica de las narrativas del mundo. Romanos 12:2 exhorta: "No os conforméis a este siglo, sino transformaos por medio de la renovación de vuestro entendimiento."

La cultura contemporánea ha normalizado comportamientos y creencias que contradicen el diseño de Dios. Por ejemplo, el cine ha retratado al matrimonio como una institución obsoleta y a la familia como una construcción restrictiva. En lugar de reflejar el amor sacrificial y el compromiso eterno de Cristo, muchas narrativas han promovido la autosatisfacción como el valor más alto.

Restauración Espiritual: El Camino Hacia la Unidad Familiar

El punto de partida para la restauración de la familia es la transformación del individuo. Solo un corazón rendido a Cristo puede modelar los principios bíblicos dentro del hogar. 2 Crónicas 7:14 "Si se humillare mi pueblo, sobre el cual mi nombre es invocado, y oraren y buscaren mi rostro, y se convirtieren de sus malos caminos; entonces yo oiré desde los cielos, y perdonaré sus pecados, y sanaré su tierra."

Pasos clave hacia la restauración:

1. **Arrepentimiento genuino:** Reconocer y rechazar las influencias culturales que han distorsionado nuestra comprensión de la familia y los roles dentro de ella. **1 Juan 1:9** asegura: "Si confesamos nuestros pecados, él es fiel y justo para perdonar nuestros pecados y limpiarnos de toda maldad."
2. **Dependencia del Espíritu Santo:** La restauración no es un esfuerzo humano, sino una obra de Dios. Jesús prometió en **Juan 14:26** que el Espíritu Santo nos enseñará todas las cosas y nos recordará la verdad de Dios.
3. **Discipulado intencional:** Los padres deben ser los principales guías espirituales de sus hijos, formando una "iglesia doméstica" donde se vivan los valores del Reino de Dios. **Deuteronomio 6:6-7** subraya la importancia de enseñar diligentemente la Palabra a las próximas generaciones.

El Rol de la Iglesia en la Restauración Moral

La iglesia, como comunidad del pueblo de Dios, tiene un rol vital en la defensa de la familia. Más allá de ser un refugio espiritual, debe actuar como un centro de equipamiento para las familias, preparándolas para enfrentar los desafíos culturales con verdad y amor.

Estrategias esenciales para la iglesia:

- **Predicación fiel y relevante:** La proclamación de la Palabra debe confrontar las narrativas culturales y equipar a los creyentes con una cosmovisión bíblica sólida. **Hebreos 4:12** afirma que la Palabra es viva y eficaz, capaz de discernir los pensamientos y las intenciones del corazón.
- **Creación de comunidades de apoyo:** Espacios donde las familias puedan compartir sus luchas y éxitos, edificándose mutuamente. **Gálatas 6:2** instruye: "Sobrellevad los unos las cargas de los otros, y cumplid así la ley de Cristo."
- **Mentoría intergeneracional:** Conectar a las generaciones mayores con las más jóvenes para transmitir sabiduría y fortalecer los lazos comunitarios. **Tito 2:3-5** exhorta a las mujeres mayores a enseñar a las más jóvenes a amar a sus maridos e hijos.

Los Creyentes como Luz en la Oscuridad

En un mundo que promueve la confusión y la fragmentación, los cristianos están llamados a ser luz y sal. Mateo 5:16 dice: "Así alumbre vuestra luz delante de los hombres, para que vean vuestras buenas obras y glorifiquen a vuestro Padre que está en los cielos." Este llamado no es opcional, sino una misión ineludible para quienes han sido redimidos por Cristo.

Cómo los creyentes pueden impactar la cultura:

1. **Modelar el diseño de Dios:** Cada hogar cristiano debe ser un ejemplo de amor, perdón y servicio, mostrando al mundo la belleza del diseño de Dios.
2. **Involucrarse en la esfera pública:** Los creyentes deben participar en la creación de contenido que refleje los valores del Reino, desde el cine y la literatura hasta las redes sociales.
3. **Educar con discernimiento:** Equipar a los jóvenes con herramientas bíblicas para reconocer y resistir las mentiras culturales.

La Familia: El Corazón de la Redención Cultural

Dios diseñó la familia no solo como un espacio de amor y unidad, sino como un testimonio vivo de su relación con su pueblo. La restauración de las familias es esencial para la redención cultural y espiritual de la sociedad. Josué 24:15 declara: "Yo y mi casa serviremos a Jehová," un recordatorio de que cada hogar cristiano tiene un impacto eterno.

Malaquías 4:6 profetiza la reconciliación entre padres e hijos como un signo de la restauración prometida: "Él hará volver el corazón de los padres hacia los hijos, y el corazón de los hijos hacia los padres." Esta reconciliación no solo fortalece las relaciones individuales, sino que también prepara el terreno para una transformación más amplia en la humanidad.

Un Llamado Urgente a la Acción

La restauración espiritual y moral no es solo un ideal, sino una necesidad urgente en un mundo que ha perdido su anclaje en la verdad. Desde los pequeños actos de oración en familia hasta la participación activa en la iglesia y la cultura, cada esfuerzo cuenta en la construcción de un testimonio colectivo que glorifique a Dios.

Isaías 58:12 "Los tuyos edificarán las ruinas antiguas; los cimientos de generación y generación levantarás; y serás llamado reparador de portillos, restaurador de calzadas para habitar." Este llamado es tanto individual como colectivo: un desafío a restaurar lo que el mundo ha intentado destruir y a edificar una cultura que refleje el Reino de Dios.

Con la ayuda de Cristo, los creyentes pueden resistir las mentiras culturales, fortalecer sus familias y ser agentes de esperanza en un mundo que anhela redención. La familia, como diseño de Dios, es el medio por el cual su luz brilla más intensamente en medio de la oscuridad cultural.

La Cosmovisión Cristiana como Fundamento de la Restauración

"No os conforméis a este siglo, sino transformaos por medio de la renovación de vuestro entendimiento."
Romanos 12:2

CAPÍTULO 12

La Cosmovisión cristiana como fundamento de la Restauración

La Fuerza Restauradora de la Cosmovisión Cristiana

Desde su origen, el cristianismo ha servido como un ancla moral y espiritual en tiempos de caos y decadencia. Su cosmovisión, fundamentada en la Palabra de Dios, responde a las preguntas más profundas de la humanidad: ¿Quiénes somos? ¿Cuál es nuestro propósito? ¿Qué define nuestros valores? La Biblia nos recuerda que fuimos creados a imagen y semejanza de Dios (Génesis 1:27), y que toda estructura social debe reflejar este diseño de Dios. Por lo tanto, la restauración de la sociedad exige un retorno deliberado y consciente a los principios eternos de Dios.

El Desafío de la Cultura Contemporánea

El alejamiento de la cultura moderna de sus raíces cristianas ha conducido a una fragmentación ética y moral. Hoy, la autonomía personal se celebra como el mayor bien, mientras que los valores absolutos se descartan como obsoletos. 2

Timoteo 3:1-5 advierte: "En los postreros días vendrán tiempos peligrosos. Porque habrá hombres amadores de sí mismos, avaros, vanagloriosos, soberbios, blasfemos..." Este diagnóstico describe con precisión una sociedad que ha perdido el sentido de responsabilidad colectiva.

Las consecuencias de esta desconexión son claras: la disolución de la familia, la exaltación del relativismo moral y la redefinición de la identidad humana. Sin embargo, la cosmovisión cristiana, cuando se vive con sinceridad, tiene el poder de transformar tanto al individuo como a la sociedad. Salmos 127:1 "Si Jehová no edificare la casa, en vano trabajan los que la edifican."

El Cristiano como Agente de Transformación

Jesús llamó a sus discípulos a ser "sal de la tierra" y "luz del mundo" (Mateo 5:13-16). Estas metáforas subrayan el papel activo de los creyentes en la preservación de la moralidad y en la iluminación de las verdades eternas. La sal preserva contra la corrupción, mientras que la luz expone y corrige las tinieblas.

Ámbitos de influencia

1. **La educación:** Los cristianos deben participar activamente en la formación de generaciones futuras, transmitiendo principios bíblicos que contrarresten las filosofías secularistas.

2. **El arte y la cultura:** El cine, la música y la literatura pueden ser herramientas poderosas para comunicar valores del Reino.
3. **La política y la economía:** Participar en la esfera pública con integridad, buscando la justicia y el bienestar común.

La presencia cristiana no debe limitarse a ser decorativa. Los principios del Reino de Dios son profundamente relevantes en todos los aspectos de la vida humana. Colosenses 3:17 exhorta: "Y todo lo que hacéis, sea de palabra o de hecho, hacedlo todo en el nombre del Señor Jesús."

El Amor Sacrificial como Motor de Restauración

El cristianismo se distingue por su énfasis en el amor sacrificial, ejemplificado en la cruz de Cristo (Juan 15:13). Este amor transforma no solo a los individuos, sino también a las comunidades. En un mundo dominado por la competencia y la división, el amor que busca el bienestar del otro es una herramienta poderosa para la reconciliación.

Cuando las familias cristianas viven este amor, reflejan el diseño de Dios y ofrecen un modelo alternativo a la fragmentación cultural. Efesios 4:2-3 "Con toda humildad y mansedumbre, soportándoos con paciencia los unos a los otros en amor, solícitos en guardar la unidad del Espíritu en el vínculo de la paz."

La Iglesia como Comunidad de Esperanza

La iglesia, como cuerpo de Cristo (1 Corintios 12:27), tiene un papel fundamental en la restauración social. En un tiempo donde muchas instituciones han perdido credibilidad, la iglesia debe ser un refugio de verdad, consuelo y acción.

Funciones clave de la iglesia:

1. **Discipulado:** Equipar a los creyentes para enfrentar los desafíos culturales con una cosmovisión bíblica sólida. 2 Timoteo 2:2 llama a transmitir la enseñanza a "hombres fieles que sean idóneos para enseñar también a otros."
2. **Comunión auténtica:** Crear espacios donde las personas puedan encontrar apoyo mutuo y crecer espiritualmente. Hebreos 10:24-25 exhorta a no dejar de congregarse, sino a animarse mutuamente.
3. **Acción social:** Servir a las comunidades locales, demostrando el amor de Cristo a través de obras prácticas.

El Poder del Testimonio Colectivo

A lo largo de la historia, los cristianos han transformado culturas al vivir en comunidad según los principios del Reino. Desde los primeros creyentes en el Imperio Romano hasta movimientos como el abolicionismo y la reforma social, el testimonio colectivo ha mostrado el impacto de la fe en acción.

Hoy, las familias cristianas tienen la oportunidad de ser un testimonio vivo de reconciliación y esperanza en un mundo quebrantado. Hechos 4:32 describe a la iglesia primitiva: "Y la multitud de los que habían creído era de un corazón y un alma." Este modelo sigue siendo relevante, demostrando que la unidad en Cristo tiene un impacto transformador.

Una Visión de Restauración y Esperanza

Aunque los desafíos son significativos, la cosmovisión cristiana ofrece una esperanza inquebrantable. No se trata solo de resistir el mal, sino de participar activamente en la obra redentora de Dios. Isaías 61:4 proclama: "Reedificarán las ruinas antiguas, levantarán los asolamientos primeros, y restaurarán las ciudades arruinadas."

Esta visión de restauración se basa en la promesa de que Dios está trabajando en todas las cosas para el bien de quienes lo aman (Romanos 8:28). Al comprometernos con este llamado, no solo participamos en la construcción de una sociedad que honra a Dios, sino que también damos testimonio de Su reino eterno.

El Llamado a Ser Portadores de Luz

En un mundo que lucha por encontrar propósito y significado, los cristianos están llamados a ser agentes de transformación. La familia, la iglesia y la comunidad pueden convertirse en faros de esperanza cuando se alinean con el diseño de Dios.

Miqueas 6:8 resume este llamado: "Hombre, él te ha declarado lo que es bueno, y qué pide Jehová de ti: solamente hacer justicia, y amar misericordia, y humillarte ante tu Dios." Con fe, humildad y acción deliberada, los creyentes pueden contrarrestar la cultura contemporánea y construir una sociedad que refleje el amor y la verdad de Dios.

La restauración no es solo un ideal; es una realidad que se manifiesta cuando el pueblo de Dios vive conforme a su Palabra. En esta misión, encontramos no solo nuestro propósito, sino también la gloria eterna de Aquel que nos llamó de las tinieblas a Su luz admirable. 1 Pedro 2:9 nos recuerda: "Mas vosotros sois linaje escogido, real sacerdocio, nación santa, pueblo adquirido por Dios."

Viviendo como Sal y Luz en una Cultura en Crisis

"Así alumbre vuestra luz delante de los hombres, para que vean vuestras buenas obras, y glorifiquen a vuestro Padre que está en los cielos."
Mateo 5:16

CAPÍTULO 13

Viviendo como Sal y Luz en una Cultura en Crisis

El Mandamiento de Cristo: Ser Sal y Luz en el Mundo

El llamado de Jesús en Mateo 5:13-16 no es una sugerencia teológica; es un mandamiento urgente que requiere acción inmediata. En un mundo cada vez más alejado de los principios de Dios, Jesús nos recuerda que somos agentes de preservación y transformación. "Vosotros sois la sal de la tierra... Vosotros sois la luz del mundo." Este mensaje no solo nos identifica, sino que también nos asigna una misión: preservar la verdad, disipar las tinieblas y glorificar a Dios a través de nuestras acciones.

Ser sal significa detener la corrupción espiritual y moral que amenaza con desintegrar la sociedad. También implica dar sabor a la vida colectiva con valores como el amor, la justicia y la misericordia. Por otro lado, ser luz significa brillar con la claridad de la verdad bíblica, exponiendo y confrontando la oscuridad que domina tantas áreas de nuestra cultura. Efesios 5:8 exhorta: "Porque en otro tiempo erais tinieblas, mas ahora sois luz en el Señor; andad como hijos de luz."

No Conformarnos, Sino Transformar

El apóstol Pablo nos desafía en Romanos 12:2: "No os conforméis a este siglo, sino transformaos por medio de la renovación de vuestro entendimiento." Y vemos en Efesios 4:22-24, que dice: "En cuanto a la pasada manera de vivir, despojaos del viejo hombre, que está viciado conforme a los deseos engañosos, y renovaos en el espíritu de vuestra mente, y vestíos del nuevo hombre, creado según Dios en la justicia y santidad de la verdad." Este llamado es una advertencia y una invitación. En una era donde el conformismo cultural ejerce una presión abrumadora, los cristianos deben resistir la tentación de ajustarse a las narrativas dominantes y, en cambio, ser agentes de cambio.

El mundo moderno, como lo analizó Antonio Gramsci, utiliza la hegemonía cultural para moldear la mentalidad colectiva, muchas veces sin que las personas se den cuenta. Como cristianos, no podemos ignorar esta realidad. Debemos discernir las ideologías que intentan desviarnos del diseño de Dios y presentar una alternativa sólida y coherente basada en la Palabra. 2 Corintios 10:5 afirma: "Derribando argumentos y toda altivez que se levanta contra el conocimiento de Dios, y llevando cautivo todo pensamiento a la obediencia a Cristo."

Formando Comunidades Vivientes y Discipuladoras

El libro de los Hechos nos ofrece un modelo poderoso de cómo la iglesia primitiva vivió su fe en un mundo hostil. En

Hechos 2:42-47, encontramos una iglesia comprometida con la enseñanza, la comunión, la oración y la acción. Estas comunidades transformaron su entorno porque vivieron de manera intencional y práctica los principios del Reino de Dios.

Hoy, nuestras iglesias deben ser más que refugios espirituales. Deben convertirse en talleres de discipulado donde los creyentes sean equipados para llevar una fe activa y visible a todas las áreas de la vida. Esto significa:

1. Capacitar a los creyentes para vivir su fe en sus hogares, trabajos y comunidades.
2. Modelar una vida cristiana que impacte y transforme esferas como la política, la educación, el arte y los medios.
3. Fortalecer la unidad dentro del cuerpo de Cristo para que nuestras acciones colectivas tengan un impacto mayor.

Filipenses 1:27 nos insta: "Solamente que os comportéis como es digno del evangelio de Cristo."

Haciendo un Cambio Tangible

La transformación de nuestra cultura no sucederá por accidente. Requiere intencionalidad, estrategia y acción fundamentada en la verdad bíblica.

1. Educarse sobre las corrientes culturales: Es crucial que los cristianos comprendan las ideologías que están moldeando nuestra sociedad. Debemos estudiar, no para imitarlas, sino para confrontarlas con la verdad de la Palabra. 1 Pedro 3:15 nos llama a estar "siempre preparados para presentar defensa con mansedumbre y reverencia."

2. Crear redes de apoyo locales e internacionales: La unidad en el cuerpo de Cristo es esencial. Iglesias, comunidades y líderes deben colaborar para compartir recursos y estrategias que amplifiquen nuestro impacto. Hebreos 10:24 nos exhorta: "Y considerémonos unos a otros para estimularnos al amor y a las buenas obras."

3. Producir contenido basado en la verdad: La tecnología y los medios son herramientas poderosas que deben ser redimidas para el Reino. Es hora de crear contenido que desafíe las mentiras culturales con verdades que iluminen y restauren. Salmos 96:3 dice: "Proclamad entre las naciones su gloria, en todos los pueblos sus maravillas."

4. Participar en lugares de influencia: Los cristianos deben estar presentes en espacios de decisión y liderazgo. Desde la política hasta la educación y las artes, es necesario llevar la luz de Cristo a los lugares donde más se necesita. Proverbios 31:8-9 nos

anima: "Abre tu boca por el mudo... Abre tu boca, juzga con justicia."

Llamado a un Liderazgo Comprometido

Este desafío no es solo para pastores y líderes de iglesia; es para cada creyente. La responsabilidad de liderar el cambio cultural recae en todos los que hemos sido redimidos por Cristo. 2 Timoteo 4:2 nos instruye: "Que prediques la palabra; que instes a tiempo y fuera de tiempo."

Un liderazgo comprometido debe:

- Inspirar a las iglesias a salir de su zona de confort.
- Equipar a las congregaciones para que vivan su fe de manera práctica y transformadora.
- Fomentar una visión de impacto que abarque tanto lo local como lo global.

Viviendo como Luminares en una Generación Perversa

En medio de un mundo lleno de tinieblas, los cristianos están llamados a brillar como luminares. Filipenses 2:15 nos recuerda que debemos ser "irreprensibles y sencillos, hijos de Dios sin mancha en medio de una generación torcida y perversa." Este testimonio no se logra solo con palabras, sino con vidas transformadas que reflejen el amor, la verdad y el poder de Cristo.

1. Ser ejemplo en el hogar: La familia es el primer lugar donde se debe vivir y modelar la fe cristiana. Josué 24:15 declara: "Yo y mi casa serviremos a Jehová."

2. Impactar nuestras comunidades: A través de actos de amor y justicia, podemos demostrar la diferencia que hace Cristo en nuestras vidas. Miqueas 6:8 nos llama a "hacer justicia, amar misericordia y humillarnos ante Dios."

3. Proclamar el evangelio con valentía: En un mundo que busca silenciar la verdad, debemos hablar con convicción y amor. Romanos 1:16 proclama: "Porque no me avergüenzo del evangelio; porque es poder de Dios para salvación."

Una Misión Eterna

El impacto de nuestras acciones hoy tendrá repercusiones eternas. Si somos fieles al llamado de Cristo de ser sal y luz, veremos cómo nuestras comunidades, nuestras naciones y nuestro mundo comienzan a reflejar el Reino de Dios de manera tangible y redentora. Como 1 Corintios 15:58 nos anima: "Estad firmes y constantes, creciendo en la obra del Señor siempre, sabiendo que vuestro trabajo en el Señor no es en vano."

No estamos solos en esta misión. Jesús prometió estar con nosotros hasta el fin del mundo (Mateo 28:20). En Él y con el Poder del Espíritu Santo, podemos enfrentar cualquier desafío, restaurar nuestras familias, transformar nuestras culturas y glorificar su nombre en todo lo que hacemos.

El Uso
de los Medios
para Difundir la Verdad

"Porque las armas de nuestra milicia no son carnales, sino poderosas en Dios para la destrucción de fortalezas."
2 Corintios 10:4

CAPITULO 14

El Uso de los Medios para Difundir la Verdad

Redefiniendo los medios como herramientas para el Reino de Dios

En una era donde los medios masivos y las plataformas digitales moldean las ideologías y los valores de la sociedad, los cristianos debemos asumir nuestra responsabilidad como comunicadores de la verdad. Los medios no son intrínsecamente buenos o malos; su valor depende del mensaje que transmiten y de las manos que los manejan.

El apóstol Pablo nos recuerda en 2 Corintios 10:4-5 que "las armas de nuestra milicia no son carnales, sino poderosas en Dios para la destrucción de fortalezas, derribando argumentos y toda altivez que se levanta contra el conocimiento de Dios". Este pasaje es un llamado a utilizar las herramientas disponibles, incluyendo los medios, para desmantelar mentiras culturales y exaltar la verdad de Cristo. La batalla por las mentes y los corazones es espiritual, y los medios de comunicación son un campo clave en este enfrentamiento.

La Manufactura del Consentimiento y el Control Ideológico

La hegemonía cultural se consolida mediante el control de los medios de comunicación. Este fenómeno, descrito por autores como Antonio Gramsci y Noam Chomsky, opera manipulando las percepciones colectivas a través de la repetición constante de narrativas que terminan siendo aceptadas como normales.

Como cristianos, no podemos ser espectadores pasivos en esta batalla cultural. Debemos discernir las ideologías subyacentes y responder con creatividad y fidelidad bíblica. 1 Juan 2:15-17 nos dice: "No améis al mundo, ni las cosas que están en el mundo. Si alguno ama al mundo, el amor del Padre no está en él. Porque todo lo que hay en el mundo, los deseos de la carne, los deseos de los ojos, y la vanagloria de la vida, no proviene del Padre, sino del mundo." Debemos reusarnos a aceptar pasivamente las narrativas dominantes, y estar preparados para ofrecer una alternativa basada en la verdad de Dios.

Transformando los Medios en Herramientas de Verdad

El acceso a las plataformas digitales democratizó la comunicación, abriendo una ventana de oportunidad para que los creyentes usen estas herramientas en favor del Reino. Sin embargo, esto requiere intencionalidad, compromiso y excelencia. A continuación, presentamos tres enfoques clave para transformar los medios en herramientas de verdad.

1. Producción de Contenido Centrado en Cristo: La producción de contenido audiovisual que refleje principios bíblicos es esencial. Esto incluye películas, documentales, podcasts, series web y otros formatos que transmitan la verdad de Dios con calidad y creatividad. Ejemplos como The Chosen demuestran que es posible producir contenido con excelencia artística y profundidad espiritual.

   a. Colosenses 3:23 "Y todo lo que hagáis, hacedlo de corazón, como para el Señor y no para los hombres". Este estándar nos impulsa a buscar la excelencia en cada proyecto, entendiendo que nuestro trabajo es una ofrenda al Señor.

2. Educación en el Discernimiento Mediático: El consumo masivo de información hace urgente enseñar a las congregaciones, especialmente a los jóvenes, a analizar críticamente los mensajes de los medios. Esto incluye identificar agendas ocultas y evaluar contenidos desde una perspectiva bíblica. Filipenses 4:8 nos exhorta: "Todo lo verdadero, todo lo honesto, todo lo justo, todo lo puro... si hay virtud alguna, si algo digno de alabanza, en esto pensad". Esto es una guía para filtrar lo que consumen y a enfocarse en lo que edifica.

3. Construcción de Redes de Comunicadores Cristianos: Es necesario establecer alianzas entre comunicadores cristianos para amplificar el mensaje del evangelio.

Estas redes pueden compartir recursos, capacitar a líderes en comunicación y apoyar proyectos que impacten la cultura. Eclesiastés 4:9-10 enfatiza la importancia de la colaboración: "Mejores son dos que uno; porque tienen mejor paga de su trabajo. Porque si cayeren, el uno levantará a su compañero". Trabajar juntos potencializa nuestro impacto en el mundo.

Una Batalla por las Mentes y los Corazones

La batalla por los medios trasciende lo tecnológico; es una lucha espiritual por las almas. Como lo afirma Efesios 6:12, "Porque no tenemos lucha contra sangre y carne, sino contra principados, contra potestades...". Este entendimiento debe motivarnos a orar fervientemente por los medios y a actuar con valentía.

El Compromiso con la Excelencia y la Verdad

El uso de los medios para la gloria de Dios exige excelencia. En un mercado saturado de contenidos, nuestro mensaje debe sobresalir no solo por su contenido, sino por su calidad. Proverbios 22:29 nos recuerda: "¿Has visto hombre solícito en su trabajo? Delante de los reyes estará". La calidad y la dedicación son testimonios tangibles de nuestra fe.

Un Llamado a la Acción

El compromiso con la verdad comienza con cada uno de nosotros. No importa cuán pequeños puedan parecer nuestros esfuerzos, todos somos llamados a contribuir. Desde compartir mensajes en redes sociales hasta aprender habilidades técnicas para apoyar proyectos cristianos, nuestras acciones pueden ser herramientas poderosas en manos de Dios. 1 Pedro 4:10 nos exhorta: "Cada uno según el don que ha recibido, minístrelo a los otros, como buenos administradores de la multiforme gracia de Dios".

Reflejando la Gloria de Dios en Cada Pantalla

Las pantallas son ventanas al alma, y nuestra responsabilidad como cristianos es llenarlas de luz. Jesús dijo en Mateo 5:16: "Así alumbre vuestra luz delante de los hombres, para que vean vuestras buenas obras, y glorifiquen a vuestro Padre que está en los cielos". Si tomamos este mandamiento en serio, veremos cómo los medios pueden ser transformados en instrumentos de restauración espiritual y cultural.

Propuesta Final

No podemos esperar a que otros lideren este cambio. Tú y yo estamos llamados a ser agentes de transformación, llevando el evangelio a través de cada pixel y cada palabra. Aunque la tarea es grande, confiamos en que el Señor nos guiará y proveerá para cumplir esta misión. 2 Timoteo 1:7 nos asegura: "Porque no nos ha dado Dios espíritu de cobardía, sino de poder, de amor y de dominio propio". Con esta confianza, avancemos con valentía para proclamar la verdad en cada rincón del mundo digital.

Preparando a la Próxima Generación

"Porque yo sé los pensamientos que tengo acerca de vosotros, dice Jehová, pensamientos de paz, y no de mal, para daros el fin que esperáis."
Jeremías 29:11

Preparando a la Próxima Generación: Equipar a los Jóvenes para Transformar la Cultura

La Urgencia de la Formación Integral

La juventud de hoy se enfrenta a un panorama cultural profundamente marcado por ideologías que buscan distorsionar la verdad de Dios. Desde las redes sociales hasta los sistemas educativos, las narrativas dominantes promueven el relativismo, la satisfacción inmediata y la confusión identitaria. En este contexto, la formación de jóvenes cristianos comprometidos con el Reino de Dios no es opcional, sino un mandamiento urgente. Como Proverbios 22:6 declara: "Instruye al niño en su camino, y aun cuando fuere viejo no se apartará de él." Este mandamiento bíblico nos impulsa a sembrar valores eternos en las nuevas generaciones.

La formación integral de los jóvenes debe abarcar tres dimensiones clave: espiritual, intelectual y moral. Solo así podrán responder con valentía y discernimiento a los retos del mundo contemporáneo y convertirse en agentes de transformación cultural.

Los Retos que Enfrentan los Jóvenes de Hoy

La cultura global actual ha heredado un legado de cambio rápido, influenciado por avances tecnológicos y la disolución de verdades absolutas. Como Romanos 1:25 advierte, muchas personas han "cambiado la verdad de Dios por la mentira." Esta realidad afecta directamente a los jóvenes, quienes se enfrentan a desafíos como:

1. Confusión de Identidad: La narrativa cultural busca redefinir el significado de ser humano, atacando la diferencia entre hombre y mujer y promoviendo una fluidez que contradice el diseño de Dios descrito en Génesis 1:27: "Dios creó al hombre a su imagen; varón y hembra los creó."

2. Secularización del Conocimiento: Las instituciones educativas y los medios masivos a menudo presentan la fe como incompatible con la ciencia o la razón, lo que refuerza la falsa separación entre lo espiritual y lo racional.

3. Cultura de la Satisfacción Inmediata: Las redes sociales y la tecnología han inculcado una mentalidad de recompensa instantánea, alejando a los jóvenes de la

paciencia, el esfuerzo y el propósito eterno que se reflejan en Hebreos 12:1-2.

4. Relativismo Moral: En un mundo donde la verdad se percibe como subjetiva, los jóvenes carecen de una brújula moral clara que les guíe en sus decisiones diarias.

El Llamado al Discipulado Activo

En respuesta a estos desafíos, los creyentes deben redescubrir y practicar el discipulado como un estilo de vida. Este proceso, tal como lo ejemplificó Jesús, no se limita a la enseñanza, sino que implica modelar la fe en la vida cotidiana. Como Jesús dijo en Mateo 28:19-20: "Id, y haced discípulos a todas las naciones... enseñándoles que guarden todas las cosas que os he mandado."

Estrategias Clave para el Discipulado:

- Enseñanza Bíblica Profunda: Ayudar a los jóvenes a entender los principios fundamentales de la Palabra de Dios y cómo aplicarlos en sus vidas. Esto incluye confrontar las mentiras culturales con la verdad de las Escrituras (2 Timoteo 3:16-17).

- Práctica Comunitaria: Crear espacios donde los jóvenes puedan experimentar el amor de una comunidad cristiana que refleje la unidad descrita en Hechos 2:42-47.

- Mentoreo Intergeneracional: Establecer relaciones significativas entre jóvenes y adultos que puedan transmitir sabiduría y experiencia espiritual (Tito 2:6-8).

La Educación Cristiana como Herramienta de Restauración

La educación no es solo una transmisión de conocimiento, sino una formación integral del carácter y el espíritu. Colosenses 2:8 advierte: "Mirad que nadie os engañe por medio de filosofías y huecas sutilezas, según las tradiciones de los hombres." En este sentido, la educación cristiana debe:

1. Integrar Fe y Conocimiento: Reconocer a Dios como la fuente de toda verdad (Proverbios 2:6) y presentar la Biblia como fundamento para el aprendizaje en todas las áreas del conocimiento.

2. Fomentar el Pensamiento Crítico: Enseñar a los jóvenes a analizar las narrativas culturales desde una perspectiva bíblica y a defender su fe con argumentos sólidos (1 Pedro 3:15).

3. Promover Virtudes Bíblicas: Inculcar valores como la humildad, la justicia y el servicio, alineados con las enseñanzas de Cristo (Miqueas 6:8).

Propuestas Prácticas para Formar una Generación Transformadora

La formación de jóvenes no debe quedarse en la teoría; requiere acciones concretas y sostenidas:

1. Grupos de Discipulado: Establecer programas donde los jóvenes puedan compartir sus luchas, aprender principios bíblicos y crecer juntos en su caminar con Cristo.

2. Producción de Contenido Cristiano: Crear y promover medios digitales que presenten narrativas redentoras y confronten el relativismo cultural. Efesios 4:29 exhorta: "Ninguna palabra corrompida salga de vuestra boca, sino la que sea buena para la necesaria edificación."

3. Iniciativas de Servicio Comunitario: Fomentar proyectos donde los jóvenes puedan aplicar los valores cristianos en sus comunidades, mostrando el amor de Cristo en acción (Mateo 25:35-40).

La Promesa de una Generación Llena del Espíritu

La Biblia está llena de ejemplos de cómo Dios usó a jóvenes para cumplir su propósito, desde Samuel hasta Ester y Timoteo. En Joel 2:28, Dios promete: "Derramaré mi Espíritu sobre toda carne; vuestros hijos y vuestras hijas profetizarán." Esta promesa sigue vigente y nos recuerda que los jóvenes pueden ser agentes de cambio si están llenos del Espíritu Santo.

Inspiración Bíblica para los Jóvenes:

1. Josué: Lideró a Israel con valentía y fidelidad, mostrando que una vida comprometida con Dios puede impactar a toda una nación (Josué 1:9).

2. Daniel: Permaneció firme en su fe en medio de una cultura pagana, demostrando que la obediencia a Dios trae favor y autoridad (Daniel 6:10-23).

3. Timoteo: Aunque joven, fue un líder clave en la iglesia primitiva, exhortado por Pablo a no dejar que nadie menosprecie su juventud, sino a ser ejemplo de los creyentes (1 Timoteo 4:12).

Una Generación que Transformará la Cultura

El futuro del Reino de Dios en la tierra depende en gran medida de cómo preparemos a las generaciones venideras. Equipar a los jóvenes no es solo una tarea, es una misión de

Dios. Como iglesia, familia y comunidad, debemos asumir la responsabilidad de discipular, educar y catapultar a una generación que no solo sobreviva a los desafíos culturales, sino que los transforme con la verdad del evangelio.

Preparar a la próxima generación es una inversión eterna. Que cada joven que formemos sea un faro de luz en un mundo en tinieblas, un defensor de la verdad en un tiempo de confusión, y un embajador del Reino de Dios que lleva esperanza y restauración dondequiera que vaya. Como declara Filipenses 2:15: "Para que seáis irreprensibles y sencillos, hijos de Dios sin mancha en medio de una generación torcida y perversa, en medio de la cual resplandecéis como luminares en el mundo."

Un Llamado a la Acción Colectiva: La Iglesia como Agente de Transformación

"Porque, así como el cuerpo es uno, y tiene muchos miembros, pero todos los miembros del cuerpo, siendo muchos, son un solo cuerpo, así también Cristo."
1 Corintios 12:12-27

<u>CAPÍTULO 16</u>

Un Llamado a la Acción Colectiva: La Iglesia como Agente de Transformación

La Unidad del Cuerpo de Cristo en Acción

La restauración espiritual y moral de la sociedad es una obra que trasciende los esfuerzos individuales. Como cristianos, somos llamados a trabajar juntos como un cuerpo dinámico, siguiendo el modelo de unidad descrito en 1 Corintios 12:12-27: "Porque, así como el cuerpo es uno, y tiene muchos miembros, pero todos los miembros del cuerpo, siendo muchos, son un solo cuerpo, así también Cristo." Este llamado a la acción colectiva no solo es necesario, sino urgente, en una cultura que se desvía cada vez más de los principios de Dios.

Cristo dejó clara nuestra misión colectiva en Mateo 28:18-20, la Gran Comisión: "Id y haced discípulos a todas las naciones." Este mandamiento no se limita a evangelizar; implica un discipulado continuo que moldee culturas, sistemas y corazones para reflejar el Reino de Dios. Es un llamado a la acción coordinada, donde cada miembro del cuerpo cumple un rol único pero interdependiente, con el objetivo común de glorificar a Dios y expandir su Reino.

Discipulado: Una Estrategia Indispensable

A lo largo del libro, hemos enfatizado el discipulado como una herramienta bíblica fundamental. En capítulos previos, exploramos su aplicación en la familia, la juventud y la cultura. Ahora, debemos profundizar en su importancia como estrategia colectiva para la iglesia. Jesús nos dio el ejemplo perfecto al discipular a un grupo pequeño que, después de ser equipados, transformaron el mundo. En 2 Timoteo 2:2, Pablo instruye: "Lo que has oído de mí ante muchos testigos, esto encarga a hombres fieles que sean idóneos para enseñar también a otros." Este modelo de discipulado reproducible es clave para la restauración cultural.

El Papel de la Iglesia Local en el Cambio Cultural

Las iglesias locales son el núcleo desde el cual debe irradiar la transformación cultural. Cada congregación tiene el potencial de ser un centro de discipulado, equipamiento y acción comunitaria. Para maximizar este impacto, las iglesias deben:

1. Fomentar la Unidad Interdenominacional: El individualismo y la fragmentación entre congregaciones son barreras que limitan el alcance del Reino. Efesios 4:3-6 nos exhorta: "Solícitos en guardar la unidad del Espíritu en el vínculo de la paz; un cuerpo, y un Espíritu,

como fuisteis también llamados en una misma esperanza." La colaboración interdenominacional permite que las iglesias unan fuerzas para abordar problemas sociales complejos y llevar el Evangelio de manera integral.

2. Capacitar a Líderes y Miembros: El discipulado no es solo para los nuevos creyentes; también es esencial para equipar a líderes y miembros con herramientas prácticas que les permitan influir en sus esferas de influencia. Esto incluye áreas como la educación, los negocios, los medios de comunicación y la política. Colosenses 1:28 dice: "A quien anunciamos, amonestando a todo hombre y enseñando a todo hombre en toda sabiduría, a fin de presentar perfecto en Cristo Jesús a todo hombre."

3. Desarrollar Estrategias de Transformación: Las iglesias deben pasar de ser espacios de adoración pasiva a centros de acción cultural. Esto implica desarrollar talleres, programas de discipulado, proyectos comunitarios y esfuerzos misioneros que reflejen los valores del Reino de Dios en contextos prácticos y tangibles.

La Visión Compartida como Motor de Cambio

Un movimiento colectivo exitoso requiere una visión clara y compartida. Proverbios 29:18 nos recuerda: "Donde no hay visión, el pueblo se desenfrena." Esta visión debe abarcar todas las dimensiones de la vida: familia, trabajo, educación, política y cultura. La iglesia debe ser intencional al articular una visión que inspire a los creyentes a actuar unidos.

Ejemplos de Acción Colectiva

1. Redes de Iglesias: Establecer redes locales y globales que coordinen esfuerzos para abordar necesidades específicas, como programas educativos, atención a jóvenes y defensa de la vida y la familia.
2. Participación en Políticas Públicas: Promover leyes y políticas alineadas con principios bíblicos mediante grupos de reflexión y acción cristiana.
3. Discipulado Comunitario: Formar comunidades dentro de las iglesias que promuevan el crecimiento espiritual y capaciten a los creyentes para impactar sus contextos.
4. Producción de Medios Cristianos: Crear contenido audiovisual y digital que confronte las mentiras culturales con la verdad del Evangelio.

Liderazgo Visionario para una Iglesia Movilizada

El éxito de cualquier movimiento depende de un liderazgo comprometido y centrado en Cristo. Los líderes cristianos deben ser ejemplos de integridad, sacrificio y servicio, siguiendo el modelo de Jesús en Mateo 20:26-28: "El que quiera hacerse grande entre vosotros será vuestro servidor." Un liderazgo visionario inspira a otros a unirse a la causa, movilizando a la iglesia hacia la acción estratégica y efectiva.

El Compromiso con la Verdad

En una cultura que celebra el relativismo, el compromiso con la verdad debe ser inquebrantable. Juan 8:32 declara: "Conoceréis la verdad, y la verdad os hará libres." Este compromiso implica proclamar la verdad en todas las esferas públicas y modelar un estilo de vida que contraste con las tendencias culturales actuales. La iglesia, como portadora de la verdad divina, tiene la responsabilidad de ser un faro que guía a la sociedad hacia la luz de Cristo.

Una Iglesia Movilizada para la Gloria de Dios

Cuando la iglesia trabaja unida, con visión y propósito, su impacto es innegable. Este es el llamado del Evangelio: no solo salvar almas, sino transformar naciones. Isaías 60:1-3 nos exhorta: "Levántate, resplandece; porque ha venido tu luz, y la gloria de Jehová ha nacido sobre ti."

Como cuerpo de Cristo, debemos asumir nuestra responsabilidad de actuar colectivamente, conscientes de que cada acción, por pequeña que sea, contribuye al cumplimiento del plan de Dios para la redención y restauración de su creación. La iglesia movilizada, trabajando como un solo cuerpo, puede reflejar la justicia, la gracia y la verdad de Dios en todas las áreas de la sociedad, cumpliendo así su llamado eterno.

De Vuelta al Diseño de Dios

"Él hará volver el corazón de los padres hacia los hijos, y el corazón de los hijos hacia los padres."
Malaquías 4:6

CAPÍTULO 17

De Vuelta al Diseño de Dios: Un Llamado Final a la Restauración

La conclusión de este libro no es solo el final de una lectura, sino un llamado urgente a todos los creyentes para volver al diseño perfecto y eterno que Dios estableció para nosotros. A lo largo de cada capítulo, hemos explorado cómo las corrientes culturales, el cine, la televisión y las ideologías modernas han distorsionado los valores esenciales que Dios diseñó desde el principio. Sin embargo, también hemos descubierto que este desafío cultural no es el destino final. En el centro de esta batalla cultural está una lucha espiritual más profunda, una lucha que exige acción, oración y un compromiso renovado con los principios del Reino de Dios.

El Diseño de Dios: Restauración, Unidad y Propósito

Desde la creación, Dios instituyó la familia como el núcleo esencial de la sociedad y como un reflejo tangible de su relación con nosotros. Génesis 2:24 establece: "Por tanto, dejará el hombre a su padre y a su madre, y se unirá a su mujer, y serán una sola carne." Este diseño no solo une al hombre y a la mujer en matrimonio, sino que crea un entorno propicio para formar generaciones que modelen el carácter de Dios.

La familia no es una institución opcional; es la base de la sociedad y el instrumento principal para la transmisión de la fe. Deuteronomio 6:6-9 lo afirma: "Y estas palabras que yo te mando hoy, estarán sobre tu corazón; y las repetirás a tus hijos." Pero este diseño ha sido desafiado por el pecado, las ideologías seculares y los sistemas de pensamiento que buscan desplazar a Dios del centro de nuestras vidas. Volver al diseño de Dios significa restaurar nuestras familias, nuestras iglesias y nuestras sociedades bajo su señorío.

En Malaquías 4:5-6, encontramos un poderoso mensaje de restauración: "Él hará volver el corazón de los padres hacia los hijos, y el corazón de los hijos hacia los padres." Así como Elías fue enviado en tiempos de apostasía, hoy somos llamados a asumir ese mismo rol en nuestra generación, restaurando relaciones y trayendo el orden de Dios a nuestras familias y comunidades.

Una Visión Eterna: Vivir con Propósito y Expectativa

Mientras cumplimos nuestra misión en la tierra, no debemos olvidar que somos ciudadanos del cielo. Filipenses 3:20 declara: "Nuestra ciudadanía está en los cielos, de donde también esperamos al Salvador, al Señor Jesucristo." La vida cristiana no se limita al presente; cada acción, cada palabra y cada decisión tiene implicaciones eternas. Vivimos con la esperanza del regreso de Cristo, una promesa que nos impulsa a vivir con propósito y urgencia.

Jesús nos advirtió en Mateo 24:44: "Por tanto, también vosotros estad preparados, porque el Hijo del Hombre vendrá a la hora que no pensáis." Somos llamados a la santidad, a la acción y a la preparación espiritual. La cultura moderna, saturada de maldad y relativismo, es un recordatorio constante de que el regreso de Cristo está cerca. Por eso, nuestra misión no puede esperar; debemos movilizarnos ahora para ser una iglesia activa, santa y comprometida.

Un Cuerpo Unido para Transformar el Mundo

El trabajo de restauración no puede lograrse en aislamiento. La Iglesia, como cuerpo de Cristo, está llamada a ser un faro de luz que ilumine la oscuridad y transforme las estructuras culturales con los valores de Dios. Efesios 4:4-6 nos recuerda: "Un cuerpo, y un Espíritu... un Señor, una fe, un bautismo, un Dios y Padre de todos." Este espíritu de unidad debe ser nuestra fuerza para cumplir la misión colectiva de manifestar el Reino de Dios en la tierra.

La unidad de la Iglesia es clave para esta restauración. Tal como lo hemos visto a lo largo de este libro, el discipulado es el medio fundamental para equipar a las generaciones presentes y futuras. Ya sea a través de nuestras familias, nuestras iglesias o nuestras esferas de influencia, el discipulado crea el fundamento sobre el cual se construye una iglesia fuerte y una sociedad transformada.

Áreas Clave de Restauración Colectiva

1. La Familia como Base del Reino: La restauración comienza en el hogar. Es el espacio donde se modela el amor, la fe y la verdad. Josué 24:15 nos insta: "Yo y mi casa serviremos a Jehová."
2. La Iglesia como Centro de Discipulado: Equipar a cada creyente para ser un agente de cambio en su entorno. Mateo 28:19 nos llama: "Id y haced discípulos."
3. La Cultura como Campo de Influencia: Usar los medios, la educación y la política para proclamar la verdad. Romanos 10:14 pregunta: "¿Cómo oirán sin haber quien les predique?"
4. El Servicio como Reflejo de Cristo: Seguir el ejemplo de Jesús, quien no vino para ser servido, sino para servir (Mateo 20:28).

El Llamado Final: Sal y Luz para un Mundo Necesitado

Jesús nos llamó a ser sal y luz en el mundo (Mateo 5:13-16). Ser sal significa preservar los valores de la verdad, la justicia y la misericordia en una sociedad decadente. Ser luz implica brillar con la verdad de Cristo, disipando la oscuridad de las mentiras culturales y las ideologías destructivas. Este llamado no es opcional; es una responsabilidad que debemos asumir con valentía.

Pasos para la Acción

1. Restaurar Nuestros Hogares: Establecer tiempos de oración, comunión y estudio bíblico en familia, modelando el diseño de Dios en cada aspecto de nuestras vidas.
2. Movilizar a Nuestras Iglesias: Unir fuerzas con otras congregaciones para discipular, equipar y enviar líderes que impacten cada esfera de la sociedad.
3. Usar los Medios con Propósito: Aprovechar las plataformas digitales, el cine y la televisión para proclamar la verdad y contrarrestar las mentiras de la cultura.
4. Prepararnos para la Venida de Cristo: Vivir con una perspectiva eterna, recordando que nuestras acciones aquí tienen un impacto eterno.

El Legado de una Generación Restaurada

Este libro no es solo una reflexión sobre los desafíos culturales que enfrentamos, sino un llamado a la acción. Cada generación tiene la responsabilidad de ser fiel al diseño de Dios, de discipular a la próxima generación y de preparar el camino para la venida del Señor. Malaquías 4:6 nos da una promesa de reconciliación y restauración: "Él hará volver el corazón de los padres hacia los hijos, y el corazón de los hijos hacia los padres."

Que este llamado inspire a líderes, pastores, padres y jóvenes a levantarse con valentía, a proclamar la verdad y a restaurar el diseño de Dios en cada rincón de nuestra socie-dad. Que, en el glorioso día de su venida, podamos presentar-nos como siervos fieles, sabiendo que hemos cumplido nuestro llamado y que hemos trabajado para su gloria.

"Porque de Él, y por Él, y para Él, son todas las cosas. A Él sea la gloria por los siglos. Amén" (Romanos 11:36).

Bibliografía

Libros y artículos

1. Chomsky, Noam, y Edward S. Herman. Manufacturing Consent: The Political Economy of the Mass Media. Pantheon Books, 1988.
2. Overton, Joseph. "The Overton Window of Political Possibilities." Mackinac Center for Public Policy, 1996.
3. Gramsci, Antonio. Selections from the Prison Notebooks. International Publishers, 1971.
4. Lewis, C.S. The Abolition of Man. HarperOne, 1943.
5. Schaeffer, Francis A. How Should We Then Live? The Rise and Decline of Western Thought and Culture. Crossway Books, 1976.
6. Postman, Neil. Amusing Ourselves to Death: Public Discourse in the Age of Show Business. Penguin Books, 1985.
7. Keller, Timothy. The Reason for God: Belief in an Age of Skepticism. Penguin Books, 2008.
8. Guinness, Os. The Call: Finding and Fulfilling the Central Purpose of Your Life. Word Publishing, 1998.

Estudios sobre cine y medios

1. Bordwell, David, y Kristin Thompson. Film Art: An Introduction. McGraw-Hill Education, 2016.
2. Gerbner, George. "The Mainstreaming of America: Violence Profile No. 11." Journal of Communication, 1983.
3. Jenkins, Henry. Convergence Culture: Where Old and New Media Collide. NYU Press, 2006.

Referencias teológicas y bíblicas

1. Carson, D.A. The God Who Is There: Finding Your Place in God's Story. Baker Books, 2010.
2. Piper, John. Desiring God: Meditations of a Christian Hedonist. Multnomah Publishers, 2003.
3. Wright, N.T. Simply Christian: Why Christianity Makes Sense. HarperOne, 2006.

Recursos en línea

1. Mackinac Center for Public Policy. "The Overton Window." www.mackinac.org.
2. Barna Group. Research Reports on Faith and Culture. www.barna.com.
3. Pew Research Center. "Religion and Public Life." www.pewforum.org.

Recursos adicionales

1. Kuby, Gabriele. La Revolución Sexual Global: La Destrucción de la Libertad en Nombre de la Libertad. Editorial Stella Maris, 2015.
2. Díaz Araujo, Enrique. La Rebelión de la Nada.